따라하면 **돈** 되는 **수출 첫걸음**

따라하면 돈 되는
수출 첫걸음
Export

오주현 지음

100번 싸워도 위태롭지 않은
지피지기 수출법!

중앙경제평론사

상대를 알고 나를 알면

백 번 싸워도 위태롭지 않다

知彼知己 百戰不殆

_《손자병법(孫子兵法)》

수출기업을 위해 다양한 내용을 담았네요. 대단합니다. 출간 축하합니다!

_**이인호** 한국무역협회 부회장/전 한국무역보험공사 사장/전 산업통상자원부 차관

좋은 수출은 좋은 금융의 바탕에 좋은 기술이 더해져야 합니다. 도전하는 초보수
출자에게 필독서가 되길 바랍니다.

_**김창학** 한국플랜트산업협회 회장/전 현대엔지니어링 사장

작가는 항상 사람과 인생을 진지하게 사랑하는 분이시죠. 그 마음이 이번엔 초
보수출자들에게 미치신 걸 느낍니다. 30년 이상의 생생한 현장 경험이 고스란히
담긴 보물이네요.

_**안재용** SK바이오사이언스 사장

It is indeed a commendable effort by Mr. Joohyun Oh to chronicle
his experiences in a nice form that will serve as a guideline to budding
exporters from Korea and as a training manual for young managers of
Korean transnational companies. While Korean companies have already
made a wonderful mark in international trade, this book will serve as one of

the tools sustain and further the remarkable achievement.

_Mr. Senthilnathan Muthukumarasamy 전 인도수출보험공사(ECGC) 사장

무역보험이 한 치 앞도 보이지 않는 무역의 폭풍우 속에서 조용하지만 든든한 버팀목이 되어왔던 것처럼 오주현 부장도 무역보험 같은 분입니다.

누구나 초보 시절이 있습니다. 초보들은 모든 것이 낯설고 어렵기만 합니다. 이 책은 이러한 초보 고객의 입장에서 무역보험을 이야기하고 있다는 점에서 그 의의가 크다고 할 것입니다.

_류재섭 전 한국무역보험공사 상임감사

초보수출자가 참고하기에 좋은 책입니다. 초보수출자도 우직하게 나아가면 저만큼은 할 수 있습니다.

_베테랑 수출자(본문의 H사 HS 사장)

평생 존경하는 직장 선배의 경험과 지혜가 가득한 책이 세상에 나오게 되어 기쁩니다. 이 책은 안전한 수출, 시장확대를 위한 정책금융 활용 방법을 쉽고 친절하게 설명해주고 있으며, 실제 현장 사례와 함께 고전 명문을 단락마다 제시하여 재미있고 유익합니다.

초보수출기업이 마주치는 다양한 도전과 함께 바이어 발굴, 자금 조달 등의 핵심전략을 안내해주고 있으며, 환리스크 및 수출리스크 관리, 무역보험 활용법, 황금비율을 활용한 재무관리 등의 실용적인 팁은 수출기업에 큰 도움이 될 것입니다.

이 책을 통해서 '성을 쌓지 말고 길을 내는' 수출기업이 되어 우리나라 경제를 떠받치는 수출역군이 되시길 바랍니다.

_**박진식** 한국무역보험공사 부사장

이 책은 자금의 조달, 수출리스크 관리, 환위험 관리 등 수출자가 알아야 할 핵심들을 일목요연하게 설명하고 있어 최적화된 수출 실무서로 손색이 없다.

_**윤정선** 국민대학교 경영대학 교수

다년간의 무역보험공사 경험에서 우러나오는 고뇌와 통찰력이 집약되어 있는 이 책은 시장조사, 바이어 발굴, 신용조사, 수출계약 같은 실무적인 부분에서부터 리스크 관리, 수출지원제도나 적절한 재무비율까지 알뜰하고 유익한 정보를 담아낸 실무서로 탁월하다.

_**안상진** 김&장 법률사무소 변호사

저자의 30년 수출기업과 함께한 삶이 그려진다. 수출거래, 환율, 프로젝트 금융, 재무관리에 대한 기본 지침서이자 무역보험공사 금융상품에 대한 살아 있는 설명서이다. 이 책과 함께 수출의 세계를 슬기롭게 헤쳐나가자.

_**최종일** 효성티앤씨 CFO(전무)/회계사

이 책은 수출 실무 사례를 포함한 수출금융 종합 안내서로 알기 쉽게 서술되어 해외시장을 개척하는 중견, 중소기업 담당 초보자도 수출과 해외진출 확대를 통하여 회사 경쟁력을 도모할 수 있는 전략적 인사이트를 획득할 것으로 기대한다.

이 책 한 권으로 무역활동에 걸림돌이 되는 중견, 중소기업 업계의 실무 애로사항이 해소되고 정책금융 활용과 재무관리를 통하여 경쟁력을 갖춘 리딩 수출기업으로 성장할 수 있을 것으로 기대한다.

_**이용효** ㈜리트코 최고관리책임자(부사장)

수출거래를 지원하는 제3자의 입장이 아닌, 고객(수출기업)의 1인칭 관점에서 여러가지의 수출지원정책을 고민해줬던 저자와 제법 오랜 시간을 현장에서 함께했던 사람이었기에 이 책의 내용이 더 피부에 와닿습니다. 수출기업들에 많은 도움이 되리라 믿습니다.

_**김기현** 전 삼성전자 부장

이 책은 '수출 첫걸음'이라고 되어 있지만, 원고를 한 페이지씩 정독하면서 읽어내려갈 때마다 그동안 업무를 하면서 궁금했던 내용들이 일목요연하게, 다양한 주제로 상세하게 설명이 되어 있었다. 현업에서 25년간 해외투자 및 국제금융 관련 업무를 했지만 언제나 가장 중요한 것은 기본 개념에 대한 정확한 이해인데 이 책은 초년기 이런 나의 궁금했던 부분에 대한 해결책을 다양한 시각과 전문적인 관점에서 실무 위주로 정리가 잘 되어 있었다. 국제금융을 공부하거나 종합상사처럼 해외무역과 해외투자를 담당하는 실무자를 비롯해 해외사업을 추진하는 기업의 실무담당자들에게는 꼭 추천하고 싶은 책이다.

_**안남기** 포스코인터내셔널 국제금융실장

이 책은 수출 노하우, 기업 자금 조달, 환리스크 등 각종 위험 관리는 물론 사업주 앞 PF 주선 등 초보수출기업부터 대기업까지 급변하는 무역환경에 적응하고 생존하기 위해 반드시 숙지하고 있어야 할 내용들을 친절하고 쉽게 알려주는 수출 길라잡이라고 생각합니다.

_**이상호** DL E&C 부장

수출을 추진 중이거나 수출 초기인 기업은 관련제도를 잘 모르거나 환리스크 관리 방법에 미숙해 많은 시행착오를 겪는 것으로 알고 있습니다. 수출기업들에 도움이 될 만한 필독서이자 좋은 안내서라 생각합니다.

_**이인수** 신용보증기금 부장/컨설팅학 박사/경영지도사

기회가 주어져 6개월의 연수과정을 저자와 함께했다. 그는 조용하면서도 늘 책을 손에서 놓지 않았다. 말 한마디 한마디에서 나오는 폭 넓은 지식이 깊은 인상으로 남는다. 30여 년간 그가 쌓아온 지식과 경험이 책으로 출판된다. 초보수출기업에 소중한 지침서로서 손색이 없을 것이다.

_**김만곤** 기술보증기금 부장

저자와의 인연은 제가 무역보험공사에서 첫 직장생활을 했던 1996년부터 지금까지 30년 가까이 이어져오고 있는데, 늘 저에게 가르침과 영감을 주시는 분입니다. 이 책은 어쩌면 어렵게 느껴질 수 있는 수출금융 전반에 대해서 저자의 생생한 업무 경험을 바탕으로 비교적 이해하기 쉽게 서술되어 있어 수출기업 담당자, 금융

기관 직원 뿐만 아니라 무역 관련 업계에 취업을 준비하시는 분들이 편하게 읽을 수 있는 도서로 추천드립니다.

_**안욱상** 한국산업은행 PF2 실장

　저는 2014년에 필자를 처음 만났습니다. 저는 NICE D&B에서 해외기업에 대한 '신용조사 보고서'를 제공했고, 필자는 K-SURE에서 해당 업무를 총괄하는 조사부장이었습니다. 필자는 해외기업 신용조사 보고서가 수출기업에 좋은 기초 정보가 될 수 있도록 철저하게 관리하셨고, 저는 그 과정을 오롯이 기억하고 있습니다.
　이런 필자의 풍부한 수출금융 지원 현장 경험이 책으로 나오게 되었습니다. 저는 생생한 현장의 사례를 담은 이 책이 우리 수출기업들에 큰 도움이 될 것으로 확신합니다.

_**이기혁** NICE 평가정보 기업부문기획실장(상무)

　과거 '미제', '일제'가 '고급'을 일컫는 대명사였듯이 'K상품'에 대한 이미지가 높아진 지금, 수출은 한국이라는 작은 시장을 벗어나 세계로 나아가는 첫걸음입니다.
　이 책은 초보자도 수출이라는 새로운 도전에 필요한 리스크 관리, 판로 개척, 금융 조달의 노하우와 인사이트를 배우는 좋은 지침서가 될 것이라고 생각합니다. K수출 파이팅!

_**홍석우** 신한은행 을지로지점장

어디서부터 수출을 시작해야 할지 막막할 때, 30년 이상 무역보험공사에서 수많은 프로젝트를 성공시킨 전문가가 옆에 있다면 그만큼 든든한 일이 없을 것이다. 이 책에는 영문 이메일 작성법부터 신용장 업무, 돈을 못 받았을 때의 대처법까지 꼼꼼하게 담겨 있다. 초보수출자라면 반드시 만나봐야 할 책!

_**정선영** 연합인포맥스 뉴욕특파원

무역보험공사 직원도 소장하고 싶은 책. 환율 및 무역 리스크 분야를 두루 섭렵하신 노하우가 그대로 녹아 있어 추천드립니다. 책을 읽는 것만으로도 쉽게 오 부장님의 30년 노하우를 A to Z 전수받을 수 있습니다.

_**장보미** 한국무역보험공사 부팀장

이 책 읽으면… 초보수출자도 무역보험공사 직원에게 수출금융을 가르칠 수 있습니다.

_저자의 (뻔뻔한?) 셀프 추천사

저는 30년 이상을 수출금융 분야에서 보내며 크고 작은 우리 기업들이 글로벌 경쟁에서 흥망성쇠를 겪는 과정을 지켜보았습니다. 후발주자로 세계시장에 뛰어들어 글로벌 강자가 된 기업도 있고, 중국, 베트남 등 후발주자에 밀리지 않으려고 고군분투하며 근근이 명맥을 이어가는 기업도 있고, 제법 뛰어난 기술력을 가지고도 세계시장의 벽을 넘지 못하고 사라져간 기업도 있습니다.

실패한 원인은 제각각이지만 성공한 요인은 비슷해 보입니다. 성공하는 기업은 재무구조가 대체로 안정적이고, 기술경쟁력이 있으며, 세계시장에 과감하게 뛰어들되 최소한의 안전장치는 갖추고 나선다는 점입니다. 반면에 재무구조가 취약하면 풍파에 휩쓸려나가기 쉽고, 환율의 급변동은 멀쩡한 기업을 부도로 내몰기도 하고, 수출 클레임이나 미수금 때문에 멀쩡한 기업이 도산하기도 하고, 야망과 기술력이 있어도 제품 양산에 실패하기도 합니다.

그간의 제 경험과 지식을 언론사 연재를 통해 초보수출기업에 일부 전해드리기는 했으나 '나무에 미안한 일 하지 말자'라는 생각 때문에 종합적으로 엮어서 책으로 펴내는 시도는 하지 못했습니다.

이제 정년퇴직을 앞두고 수출금융과 관련된 한 권의 책을 남기고 싶다는 열망이 강해져서 저도 모르게 책을 쓰게 되었습니다.

이 책을 통해서 '불필요한 책을 만들지 말자'라는 저의 원칙이 지켜졌는지는 확실치 않습니다. 다만 제가 가진 모든 걸 쏟아부었고 금융기관 직원의 입장이 아닌 초보수출자의 관점에서 글을 썼다는 점은 말씀드릴 수 있습니다.

이 책에는 30여 년간 축적된 저의 경험과 지식이 담겨 있습니다. 초보수출자에 초점을 두어 바이어 발굴, 무역사기, 수출자금 조달, 수출리스크 관리, 환리스크 관리, 해외미회수채권 관리, 초보수출기업 재무관리, 플랜트 수출 및 해외사업의 자금 조달 등의 내용을 다루고 있습니다. 베테랑 기업의 수출 노하우, 초보수출 성공 사례와 실패 사례도 다루고 있습니다.

재무관리에서는 자연의 균형비인 황금비율을 적용해서 부채비율, 차입금의존도, 유동비율 등의 분포를 추정해보았습니다. 우리 몸이 균형을 유지해야 장수하듯이 법인도 자연의 균형 법칙을 따라야 오래 살아남는다고 생각하기 때문입니다. 초보수출기업의 주요 재무비율이 이 균형비에서 현저하게 벗어날 때에는 문제가 생길 수 있으니 재무관리 가이드라인을 잘 기억해두시기 바랍니다. 기업을 지키는 생명줄입니다.

제가 책 읽기를 좋아해서 인상에 남은 문장들을 이 책 중간중간 소개해드립니다. 《도덕경》, 《논어》, 《주역》, 《장자》, 《손자병법》 등 고전이나 명서에서 인용한 내용들이니 일부라도 기억해두면 삶과 경영에 도움이 될 것입니다.

《손자병법》 하면 '지피지기 백전백승(知彼知己 百戰百勝)'이나 '지피지기 백전불패(知彼知己 百戰不敗)'라는 문구를 떠올릴 것입니다. '적을 알고 나를 알면 백 번 싸워서 백 번 모두 이기(백승)'거나, '한 번도 지지 않는다(불패)'라는 의미로 인식하고 있을 것입니다. 현실적으로 백 번 모두 이기거나 한 번도 지지 않기는 어렵습니다. 이기기도 하고, 지기도 할 것입니다. 중요한 것은 질 때 잘 져서 망하지 않고 살아남는 것입니다. 살아남는 것이 자연인이든 법인이든 모든 인격체의 최상위 목표입니다.

이 책을 통해서 우리 초보수출기업들이 지피(수입자, 수입국, 해외시장)하고 지기(수출 준비, 자금 조달, 재무관리, 리스크관리, 마음관리)해서 글로벌 전투에서 백전불태(百戰不殆)하기를 기원합니다.

이 책을 만들기까지 많은 도움을 주신 한국무역보험공사 임직원과 H사 HS 사장님께 감사드립니다. 부족한 원고로 좋은 책을 만들려고 애쓰신 중앙경제평론사 직원분들에게도 감사드립니다. 옆에서 힘이 되어준 아내와 진원, 채원에게 고마운 마음을 전합니다.

오주현

14

| 차 례 |

1장

초보수출 이야기

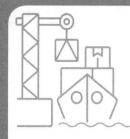

1장

초보수출
이야기

"성을 쌓는 자는 망하고, 길을 내는 자는 흥한다."

_돌궐 명장 톤유쿡의 비문

베테랑 수출자가 들려주는 수출 노하우

"무언가 하고 싶은 사람은 방법을 찾고,
아무것도 하기 싫은 사람은 구실을 찾는다."

_인도(또는 필리핀) 속담

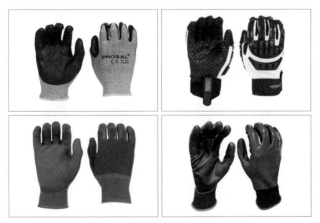

H사 수출 상품

※ 출처 : H사

사람과 마찬가지로 기업의 중요한 존재목적은 생존입니다. 기업
이 생존해야 일자리도 생기고 소득이 발생해서 가정과 국가가 원활

하게 돌아갑니다. 그런 의미에서 사양산업인 장갑 업종에서도 기업의 존재목적에 충실하게 60년 이상을 생존해오고 있는 수출중소기업을 소개해드리겠습니다. 다음 글은 H사 HS 사장과의 인터뷰를 토대로 작성하였습니다.

가내수공업으로 시작

대구 소재 H사의 공식 설립년도는 1960년대입니다. 그러나 H사는 부친 대에서 1940년대부터 가내수공업으로 장갑을 만들어왔습니다. 초기에는 동계 방한용 장갑을 만들었고 이후에는 작업용 글러브를 주로 만들고 있습니다.

부친의 가업은 1980년대에 1960년대생인 현재의 HS 사장이 이어받았습니다. HS 사장은 어릴 때부터 아버지를 따라다니며 장갑을 만들고 파는 법을 배웠습니다. 각지의 거래처를 찾아다니면서 물건을 팔고 대금을 수금하는 등 시장통에서 장사하는 법을 배웠습니다.

닥치고 수출

내수 위주의 아버지와 달리 HS 사장은 처음부터 내수보다 수출에 더 관심을 가집니다. 초기에는 아는 바이어가 없어서 무작정 서울에 올라가 아무 무역상이나 찾아가서 무역을 하게 해달라고 졸라댑니다. 수출거래 경험이 없어서 처음에는 무역상 명의로 수출하는 간접 수출방식으로 거래를 진행합니다.

HS 사장은 서울의 중간 무역업체를 통해서 거래를 지속하면서도 직수출에 대한 갈망을 억누를 수가 없었습니다. 그래서 당시 유망시장이던 폴란드로 무작정 들어갑니다. 폴란드에 아는 바이어가 없기에 시장(시장이라기보다는 사람 모이는 곳)을 찾아가서 그곳 상점에서 시작해서 현지 공급망을 역으로 추적(상점 〉도매업체 〉수입자)해가면서 장갑을 구매하는 바이어를 발굴해냅니다. 이렇게 발굴한 폴란드시장은 체제전환 특수를 맞이해서 1990년대에 호황을 보이고 H사는 빠르게 성장합니다. H사는 지역 장갑업체로는 최초로 장갑을 수출하는 기업이 됩니다.

물론 HS 사장이 처음부터 수출거래에서 성공한 것은 아닙니다. 초기에는 물건을 사 줄 폴란드 바이어가 없어서 현지 수요가 많음에도 수출을 할 수가 없었습니다. 폴란드로 물건을 보내려고 해도 사 줄 바이어가 없는 것입니다. 부득이하게 현지에 거주하는 교포를 명의상 수입자(물건의 권리는 수출자가 계속 보유)로 해서 거래를 진행합니다.

그런데 위임자인 수출자의 이익을 대변해야 할 이 교포 바이어가 농간을 부리고 싸게 사서 비싸게 팔면서 거액의 차익을 챙기는 통에 비싸진 물건은 잘 팔리지 않고 현지에서 재고만 쌓여갑니다. 나중에 상황 파악을 한 H사는 철 지난 계절용 장갑 재고를 떠안고 거액의 손실을 보게 됩니다.

수출거래 시 교포 바이어는 말이 통해서 편하기는 하지만 일부 농간을 부리는 경우도 있으니 믿을 만한 교포 바이어를 잘 선별할 필요가 있습니다. HS 사장은 이후 폴란드에서 교포를 끼지 않고 직수출거래를 늘려가게 됩니다.

시장에 답이 있다

폴란드에서 재미를 본 HS 사장은 이제 영국시장 공략에 나섭니다. 영국에서도 아는 바이어가 없어서 시장을 뒤져서 공급망을 역추적해가면서 바이어를 찾아냅니다. 시장통에서 성장해온 HS 사장의 머리에 각인되어 있는 솔루션은 다음과 같습니다.

"시장에 답이 있다."

오더를 따려면 바이어와 스킨십 가져야

그러나 영어도 잘 안 되는 데다 별다른 어필할 만한 특징도 없어서 대면 면담에서는 오더를 따지 못합니다. 당연한 일입니다. 생면부지의 동양인이 찾아와서 오더를 달라고 매달리니 누군들 흔쾌히 오더를 줄까요?

바이어 면담이 끝나고 낙심한 HS 사장은 밖으로 나와 혼자 서글프게 담배를 피워댑니다. 도저히 이대로는 한국으로 돌아갈 수가 없습니다. 하늘이 도왔는지 그곳에 좀 전에 면담했던 바이어가 나타납니다. 그도 골초였던 것입니다. 이미 담배를 충분히 피운 HS 사장은 또다시 줄담배를 피우면서 손짓 몸짓 동원해가며 바이어와 사적인 대화를 이어갑니다.

누그러진 분위기 속에서 HS 사장은 비행기 값이라도 건질 수 있게 조그마한 오더라도 달라고 사정을 합니다. 비공식적인 자리인지라 바이어도 마음이 풀어져 오더를 주겠다고 약속합니다. 이후 이들의 관계는 바이어의 아들이 사업을 접을 때까지 20여 년간 지속됩니다.

HS 사장에 따르면 공식적인 회의에서는 상대가 최대한 방어적이 되어 협상에 임하기 때문에 서로 생면부지인 경우 오더를 따기 힘들다고 합니다. 그렇지만 상대가 방어적이 될 필요가 없는 비공식적인 자리에서는 오더를 따기가 더 쉽다고 합니다. 그러니 바이어와의 협상은 공식적인 면담 이외에는 최대한 비공식적인 스킨십을 자주 가지는 것이 좋다고 합니다.

요즘에는 거의 모든 미팅을 온라인으로 대체할 수 있게 되었습니다. 그러나 온라인 시대라도 오더를 따려면 대면접촉도 병행해야 한다고 합니다. 상대는 면담을 하면서 말을 기억하는 것이 아니라 상대의 표정을 기억한다고 합니다. 즉, 말이 아닌 표정을 보고 중요한 결정을 한다고 합니다. 부지런히 (예비) 바이어와 스킨십을 강화해야 하는 이유입니다.

수출하려면 해외에서 부닥쳐야

HS 사장은 온라인 세대인 요즘 젊은이들이 현장을 경시한다고 한탄합니다. 수출을 하려면 온라인 시대라도 직접 해외를 방문하고 수입자를 만나봐야 한다고 합니다. 온라인이 오프라인을 모두 대체할

순 없다고 합니다. 또한 해외영업직 직원은 생산라인이 어떻게 돌아
가는지 파악하고 있어야 한다고 합니다. 그래야 바이어의 돌발 질문
에도 당황하지 않고 대응할 수 있다고 합니다.

결산 마감하기 전에 바이어 만나야

HS 사장에 따르면 해외 바이어들이 한 회계연도를 마감하기 전에
찾아가서 스킨십을 가져야 해외마케팅의 효과가 크다고 합니다. 수
입자는 한 회계연도를 마감하면서 내년도 계획을 생각하기에 그때
만남을 가지면 수입자가 기억을 하고 내년도 오더 계획에 반영할 가
능성이 있다고 합니다.

회계연도 마감 시기는 나라마다 회사마다 다르니 바이어별로 회계
마감 시기를 미리 파악해서 출장계획을 짜라고 합니다. 각 바이어별
회계연도 마감 시기를 파악한 후 해외 출장 일정을 체계적으로 짜면
비용을 최소화하면서도 효과를 볼 수 있다고 합니다.

바이어 움직이려면 자기제품의 전문가가 되어야

HS 사장이 서툰 영어에도 바이어를 발굴하고 거래물량을 늘려갈
수 있었던 비결은 자기제품에 대해 전문가이기에 바이어의 모든 질
문에 막힘없이 답할 수 있었기 때문입니다. 또 자기제품의 품질에 진
심이었기에 바이어의 마음을 움직일 수 있었습니다. 바이어를 움직
이게 하는 것은 유창한 영어가 아니라 품질과 거래의 신뢰감입니다.

클레임 처리는 또 다른 마케팅 기회일 수도

H사에도 품질문제로 인해서 클레임이 발생한 적이 있습니다. HS 사장은 바이어의 클레임이 제기되자 바이어에게 날아가서 수출된 제품을 전수조사해서 불량제품만큼 과감하게 수출대금을 감액처리 해줍니다. 이처럼 철저하게 대응하니 상대의 신뢰를 얻게 되어 거래를 지속할 수 있게 됩니다. 수입자의 클레임 제기는 적극적으로 대응할 시 관계를 더욱 돈독케하는 기회가 될 수도 있습니다.

거래규모 늘리는 데는 자금 조달이 중요

H사가 초창기에 거래규모를 늘리기 위해서는 네덜란드 기업이 독점 공급하는 원재료를 최대한 많이 확보하는 것이 중요했습니다. 당시 네덜란드 원료 공급업체의 위상은 현재 반도체 사업에서의 ASML 기업과 비슷하다고 합니다. 네덜란드 원료공급자가 슈퍼갑이고 원료를 구매하려면 무조건 대금을 먼저 지급해야 했습니다.

그런데 원료를 수입해서 물건을 만들고 외상으로 수출을 해서 수출대금을 회수하기까지는 6개월 이상 많은 시간이 소요되기에 자금 여력이 넉넉지 않은 중소기업으로서는 거래규모를 늘리는 것이 매우 버거운 상황이었습니다.

이러한 때에 무역보험공사(무보)에서 H사의 애로사항을 듣고 보증한도를 5억 원에서 20억 원으로 대폭 늘려주어서 H사는 필요한 자금 조달을 하고 수출규모를 대폭 늘릴 수 있었다고 합니다.

무역보험 믿고 외상거래로 해외시장 개척

처음 거래 시에 수출자는 수입자가 돈을 안 갚을까봐 선수금 또는 신용장거래를 요구하게 되고, 바이어는 수출자가 수출을 제대로 이행하지 못할까봐 외상거래를 요구합니다. 그런데 이렇게 상대를 불신하는 마음을 품고 협상에 나서면 상대를 불신하는 수출자의 마음이 표정에 드러나서 상대는 거래를 꺼리게 된다고 합니다.

다행히 H사는 외상수출거래의 거래위험을 커버하는 무보의 단기수출보험(포괄보험)에 가입되어 있어서 수입자의 외상거래 요청을 흔쾌히 받아주고 거래규모를 늘리게 됩니다. 수입자는 수출자가 자신의 외상거래 요청을 흔쾌히 받아주면 자신을 신뢰하고 있다고 느끼기 때문에 호감을 가지게 된다고 합니다.

미수금은 무역보험으로 보상받은 후 회수

H사는 보험에 든 건이 만기가 지나도록 회수가 안 되어 무보로부터 보험금을 받아서 손실을 만회한 적이 있습니다. 이후 2년 뒤에 수입자가 미수금을 전액 입금해서 무보도 지급한 보험금을 회수할 수 있었습니다. H사는 바이어와 수출대금 모두를 지킬 수 있었습니다. 모두가 윈윈한 케이스입니다.

H사는 무역보험 약관을 제대로 파악하지 못해서 손실을 복구하지 못한 경험도 있습니다. H사는 스리랑카 바이어와의 거래 중 기존 수출 건이 상호다툼이 있어서 결제만기가 지나도록 결제가 안 되고 있

는 상황에서 바이어가 추가 선적을 해주면 추가 선적분을 팔아서 미수금을 해결해주겠다는 요청을 해와서 수락을 합니다. 문제는 기존 건이 미해결된 상태에서 수입자가 추가 선적분만 찍어서 먼저 결제를 했다는 점입니다.

무보의 단기수출보험 약관에는 변제충당이란 조항이 있어서 수출입자 간에 특정 건에 대한 결제충당의 합의가 있다고 해도 무보는 결제만기 순으로 결제된 걸로 봅니다. 그러니 추가 선적분 결제대금은 이전 선적분 결제대금으로 처리되어 그 금액만큼은 보상을 못 받게 됩니다. 물론 H사의 경우 변제충당된 금액이 아주 큰 건 아니었습니다.

이런 상황은 기존 수출 건에 대해서 다툼이 있거나 클레임이 제기된 상황에서 서로 거래를 지속하고자 할 때 발생할 수 있습니다. 무역보험 가입 건이라면 추가 선적전에 무보와 협의가 필요합니다. 또한 초보수출자라면 이런 경우 수입자의 추가 선적 요청에 대해서 득실을 잘 따져볼 필요가 있습니다. 최악의 경우 손실만 추가될 수 있기 때문입니다.

60년 생존 비결은 철저한 품질 관리와 신뢰관계 유지

H사는 1970년대 일본에 기모장갑을 수출하기 시작한 이래 1998년 1백만 달러, 2006년 5백만 달러, 2011년 1천만 달러 수출의 탑을 수상하는 등 세계 바이어를 상대로 꾸준하게 수출활동을 지속해오

고 있습니다. 다만 최근에는 중국업체의 저가 공세에 밀려서 수출 규모가 제법 줄었습니다. H사의 업종이 이제 중국이나 동남아 제품에 비해 경쟁력을 잃어가는 사양산업에 속하기 때문입니다. H사에 따르면 한국에서 100원에 판매하는 제품을 중국에서는 75원에, 동남아시아에서는 50원에 판매하고 있는 실정이라고 합니다. 그런데 코로나19 이후에는 중국마저도 50원에 판매하고 있어서 힘겨운 싸움을 하고 있다고 합니다.

이런 상황에서도 H사는 부친이 창업한 이후 아들 대까지 60년 이상 질긴 생명력을 유지해오고 있습니다. HS 사장은 고객의 안전을 생각하는 마음을 산업용 글러브에 담아서 품질관리에 최선을 다한 것이 장기생존의 비결이라고 말합니다.

수출자는 바이어에게 품질에 대한 신뢰를 주는 것이 중요합니다. H사는 2001년 ISO 9001, 2002년 CE MARK, 2007년 1400 인증서를 획득했고, 2012년에는 장갑업체 최초로 미국 정부 전자조달시장 (GSA) 주계약자 자격을 취득하고, 자체 브랜드를 GSA ADVANTAGE에 등록하기도 했습니다.

HS 사장이 초보수출자에게

HS 사장은 시장과 현장에 답이 있다고 합니다. 시장이 요구하는 제품을 (만들어서) 판매해야 한다고 합니다. 문제를 파악하고 대처하려면 현장을 잘 파악해야 한다고 합니다. 바이어를 발굴하고 유지하기 위해서는 온라인으로 끝내지 말고 주기적으로 찾아가면서 스킨십을 가지라고 합니다. 공식적인 면담과 더불어 비공식적인 스킨십도 병행하라고 합니다.

초보수출기업은 품질과 신용에 진심이어야 한다고 합니다. 일시적인 거래가 아닌 지속적인 거래를 위해서는 상호 신뢰관계를 쌓는 것이 중요하다고 합니다. 신뢰로 관계가 맺어지면 다른 제품보다 조금 더 비싸도 바이어는 수출자를 쉽게 바꾸지는 않는다고 합니다.

초보수출자는 글로벌 시장을 두려워하지 말고 우직하게 나아가라고 합니다. 안 되는 구실을 찾지 말고 방법을 찾으라고 합니다.

초보수출 사례

"네 시작은 미약하였으나 네 나중은 창대하리라."

_〈성경〉

1) 초보수출 지원 사례

무역보험공사 컨설턴트의 상담 내용을 바탕으로 수출초보기업 수출 사례를 소개해드립니다.

담보가 부족해도 방법은 있다

2023년에 모 컨설턴트가 상담했던 A사는 2022년 5월 설립해 창업 1년을 갓 넘긴 신생업체로, 국내에서 식품 등을 완제품으로 구매해서 주로 미국으로 수출하는 초보수출기업입니다. A사의 애로사항은 담보력 부족으로 자금 조달이 여의치 않다는 점, 지인이 소개한 바이어의 신용이 확실치 않다는 점, 장기외상거래 추진에 따른 자금경색 우려 등이었습니다. 동사는 초기 은행을 통해서 수출금융 조달을 모색했으나 업력이 일천하고 도매업체라는 점 때문에 담보 없이는 자금 조달이 불가능하다는 답변을 들었습니다.

다행히 동사는 수출지원기관들과의 상담을 통해 신용보증기금 보증서와 무역보험공사의 수출신용보증(선적전)제도를 활용해서 은행에서 수출물품 구매를 위한 수출금융을 조달할 수 있었습니다. 또한 동사는 바이어의 요청대로 외상기간을 늘려(T/T at sight 〉 T/T 120 days) 주면서도 무역보험공사의 수출신용보증(포괄매입)과 단기수출보험제도를 활용해서 수출채권을 조기에 유동화해서 자금을 확보하고 수출대금 미회수위험까지 담보할 수 있었습니다.

이처럼 동사는 수출지원기관의 도움을 받아서 무난하게 수출을 이행하고 2023년의 영업규모(2022년 1백만 달러 미만 〉 2023년 2백만 달러 내외)를 두 배 이상 키울 수 있었습니다.

바이어 발굴하여 수출의 문을 열다

B사는 2019년 말 설립된 창업 3년 차(2023년 기준) 도소매업체로, 수출경험이 없고 매출액 규모도 5천만 원 수준에 불과해서 해외시장 개척이 절실했습니다. 그러나 동사는 영업이 제대로 일어나지 않아 신용평가사 신용등급이 최하위 수준이어서 금융기관을 통한 자금 조달이나 바이어 발굴 여력이 없는 상태였습니다.

그럼에도 동사는 KOTRA(코트라) 무역관을 통해서 바이어를 발굴하고 600달러의 화장품 최초 수출계약을 성사시킬 수 있습니다. 또한 소상공인시장진흥공단의 경영개선(판로 창출, 신제품 및 신메뉴 개발, 법류지원 비용 등) 바우처에 선정되어 소액(최대 300만 원)이지만 자금지원을 받을 수 있게 되었으며 취약한 재무구조에도 불구하고 신용보증재단 보증부의 대출이 확정되어 수출초보로 힘차게 첫발을 내딛을 수 있게 되었습니다.

수출 역량 강화 위해 수입을 병행하다

C사는 2016년 설립한 건설자재 제조업체로, 해외진출을 위해서 인공경량골재 개발에 집중하였으나 2021년까지 매출이 없어 적자가 누적되었습니다. 타개책으로 동사는 2022년부터 인도네시아에서 무연탄을 수입하여 국내업체에 납품하면서 제대로 된 매출(150억 원 이하)이 발생하였습니다. 동사가 수입물량을 늘리기 위해서는 은행에서 수입 L/C개설한도 증액이 필요했으나 동사의 신용상태로는 불가능한 상황이었습니다.

다행히 무역보험공사와의 컨설팅과 무역보험 상담을 통해서 주요 원자재와 에너지원 수입 시 필요한 수입자금 대출에 대해서 보증을 하는 수입보험증권(금융기관용)을 활용해서 수입물량을 늘릴 수 있었습니다. 동사의 2023년 상반기 매출액은 200억 원을 초과하여 전년도 연간매출액을 뛰어넘었습니다. 동사는 무연탄 수입을 통한 안정적인 수익 확보로 수출제품 연구개발도 진행하게 되어 조만간 수출신용장도 수취할 예정이라고 합니다.

2) 초보수출 실패 사례

중소기업은 환경 변화에 더 심하게 흔들릴 수밖에 없습니다. 살아남기 위해서는 부채비율이나 차입금의존도 등 재무구조를 안정적으로 가져가야 합니다. 오래 전 사례이긴 하나 무리하게 차입금을 끌어들여 시세를 확장하다가 도산한 사례와 시제품 성공을 완성품 양산으로 이어가지 못한 실패 사례를 소개해드리겠습니다.

성장지상주의의 말로

중소기업을 경영하다 보면 여기저기서 서러움을 받습니다. 은행에서는 어느 정도 매출 규모가 되어야 지점장이 상대하는 등 대접을 받습니다. 정부나 각종 유관기관에서 주재하는 회의에 참석해서도 영세기업은 제대로 대접받지 못합니다. 이러다 보니 대부분의 기업들은 수익추구보다는 기업 규모를 키우는 데 올인하게 됩니다. 문제는 기술력이나 가격경쟁력을 확보하지 못한 상태에서의 규모 확대는 필연적으로 수익성 개선 없는 차입금 증가를 동반하게 되어 시황이 나빠지는 경우 도산으로 이어지는 경우가 많다는 점입니다.

무역보험공사 거래기업인 I사는 한때 촉망받는 유망기업이었습니다. 사장을 포함한 주요 경영진이 우리나라 최고 IT기업의 디지털 TV 개발부서에서 근무한 경력이 있었기에 I사의 제품은 품질 경쟁력에서 결코 대기업 제품에 뒤지지 않았습니다. 동사는 경쟁사보다 저렴한 가격을 무기로 유럽시장을 공략하여 매출액이 2002년 16억 원에서 2003년 86억 원, 2004년 293억 원, 2005년 802억 원으로 빠른 성장세를 보였습니다.

그러나 마진이 높지 않은 상태에서 차입금에 의존해서 사업규모를 키우다 보니 차입금 규모가 2002년 7억 원, 2004년 83억 원, 2006년 261억 원으로 급증했고 이에 따라 총자본에서 차입금이 차지하는 차입금의존도도 2006년에는 54%에 달했습니다. 통상의 불량기준 45%를 초과한 것입니다.

결국 I사는 매출액이 2005년 802억 원, 2006년 831억 원으로 2006년부터 매출액 성장이 정체되면서 2007년에는 대규모 적자를 기록하게 되고 금융권의 차입금상환 압력까지 더해져 2008년에는 도산하게 됩니다. 더 이상 굴러가지 못하는 외발자전거는 쓰러질 수밖에 없습니다.

I사의 또 다른 문제점은 동사의 상품이 대기업과 경쟁하는 구조인데도 대기업과 규모의 경제논리로 경쟁했다는 점입니다. 중소기업이 필패할 수밖에 없는 전략입니다. 중소기업은 규모의 경제가 아닌 부가가치 창출의 논리로 접근해야 하지 않을까요?

기술력만으론 부족

2000년대 초반에 설립한 H사는 모 공대 교수가 설립한 회사로, 동사는 CCTV 관련해서 수많은 특허를 가지고 있었고 동사가 양산 계획이었던 상품은 당시만 해도 획기적인 것이었습니다. 신생법인으로 수출실적은 없었지만 동사의 CEO는 자신의 상품에 대한 자부심이 강해서 자금만 있으면 수출은 문제 없다고 확신했습니다.

외형상으로 보이는 동사의 기술력과 대표의 끈질긴 요청에 따라 무역보험공사에서는 5억 원의 무역금융 보증서를 발급해주었습니다. 무역보험공사(무보)의 보증서만 있으면 은행에서는 보증금액까지 대출을 해주기 때문에 수출기업의 가장 큰 애로사항인 자금문제는 해결되었습니다.

그런데 H사는 제품을 만드는 과정에서 생각지도 못했던 여러가지 기술적인 문제가 발생하면서 수출계약을 계획대로 이행하지 못하게 됩니다. 하나를 해결하면 또 다른 문제가 발생했습니다. 아이디어 차원에서 시제품을 만드는 것과 실제 사용할 제품을 양산하는 것은 하늘과 땅 차이만큼 달랐습니다.

시제품을 만들 수 있는 기술력을 가지고 있다는 것과 제품을 상용화해서 실제로 수출을 이행할 수 있다는 것은 별개의 문제입니다. 실험실 속 기술력만으로는 충분치 않습니다. 금융기관이 수출계약서보다는 수출실적을 더 신뢰하는 이유입니다.

3) 초보수출 이모저모

여러 소스로부터 취합한 초보수출 사례들을 간략히 소개합니다.

우리 초보수출기업들 대단합니다. 러우전쟁으로 수출길이 막히면 우회해서 들어가기도 하고, 도배벽지 문화가 없는 중동에서는 한국의 도배 문화를 전파하면서 도배지를 수출하기도 하고, 수출대금을 못 받아서 도산할 뻔하다가 무역보험공사의 도움으로 살아나기도 하고, 한국에 귀화해서 한국말도 제대로 못하면서도 배워가면서 수출하기도 합니다. 초보수출기업에 수출자금 지원은 큰 도움이 되고 있습니다.

찾으면 길이 있다

"저도 국내외지사에 있을 때 여러 초보 청년 기업들이 잘하고 있는 사례를 많이 접했는데 나중에 사무실에서 전달해드릴게요. 가령 우크라이나 전쟁 이후 제3국 수출을 통해 오히려 러시아에 샴푸를 수출해서 대박난 청년이라든가, 구청 인큐베이터로 무료 사무실을 얻고 신용보증기금 창업자금 받고 무역보험공사 수출보험을 들고 해서 우리나라에만 있는 도배벽지 문화를 중동에 전파해서 대박난 20대 여성 디자이너 이야기 등등. 중국에 자기가 그린 웹툰과 캐릭터 상품을 수출했는데 돈을 못 받아서 망할 뻔하다가 무보 미부보채권 회수대행서비스 이용해서 전액 회수한 이야기도 있어요."

_무역보험공사 직원

성실은 바이어도 춤추게 한다

"경기도 양주 소재 원단 수출회사인데 나가 보니까 젊은 여성 두 명이 사장, 실장 이렇게 있으면서 나이 50~60대 생산직 아저씨들을

직원으로 두면서 일본에 원단을 연간 700만 달러 수출하는 게 이상
해서 물어봤더니 일본 고급의류회사에 다품종소량생산으로 고급원
단을 수출하는데 원단공장은 하청공장이고 공장 창고사무실 구석에
사무실을 차려서 거기서 제대로 씻지도 못하고 디자인도 하고 생산
관리도 하는데 제가 감동해서 기존 ○억 원 신용보증을 ○억 원으로
증액시켜 주었어요. 워낙 성실하고 바로바로 대응해주니까 바이어
가 공급선을 이탈리아 회사에서 이 젊은 여성 두 명이 하는 회사로
점차 오더 이동 중이에요."
_무역보험공사 직원

수출, 모르면 배우면 된다

"한국 여자와 결혼한 모로코 출신의 젊은 남성이 중고차를 헤이딜
러에서 구입해서 모로코에 수출하는데 우리나라 말도 잘 못하고 제
도권은 감히 이용할 생각을 못 하고 있었는데 공사로부터 하나씩 하
나씩 소개받아 공사 신용보증도 이용하고 은행 외국환 네고도 하고
물류지원에 외상수출거래도 알게 되어 결국 사업이 번창해서 일손
이 딸려 모로코에 있는 동생들도 부르고 자가 창고까지 마련한 사례
도 있어요."
_무역보험공사 직원

외상거래 지렛대로 거래를 성사시키다

"일본에 화장품을 수출키로 한 강남 소재 회사의 경우 수입자가
3년 후 대금지급(물건 판매 후 & 사업 성장 후) 조건을 제시함에 따라 거

래 자체를 고민하다 무보의 단기수출보험을 안내받고 1년 후 대금
지급 조건으로 계약 체결, 지자체 지원으로 보험 가입하고 물품 수
출했어요."
_무역보험공사 컨설턴트

수출채권 유동화하고 수출물량 늘리다

"수출자는 다수의 바이어와 외상거래를 해서 유동성 부족으로 애
로를 겪다가 무보의 수출신용보증(포괄매입) 활용해서 수출채권을 조
기 현금화하고 수출물량을 늘릴 수 있었어요."_무역보험공사 컨설팅센터

K-SURE 컨설팅으로 무역사기 예방하다

"수출자는 수출경험이 없어 수출계약 문구 검토나 카운터 오퍼
대응능력이 부족했으며 무보(K-SURE) 컨설턴트는 수출계약서 문구,
수입자 신용조사 등을 토대로 무역사기 정황을 포착하고 무보 파리
지사와 협업해서 수입자 현지조사로 명의도용 무역사기를 예방했
어요."
_무역보험공사 컨설팅센터

초보수출기업의 도전을 응원합니다. 초보수출기업의 시작은 미약
했으나 그 끝은 창대할 것입니다.

3
초보수출기업 애로사항

"사람이 멀리 생각하지 못하면 큰일을 이루기 어렵다."

_안중근 의사

규모가 작은 중소기업은 국내에서 영업을 할 때도 상대적으로 많은 어려움에 직면하게 됩니다. 말도 잘 안 통하는 바다 건너 머나먼 땅으로 물건을 실어보내고 외상으로 대금을 수령하는 중소기업으로서는 훨씬 많은 애로가 따를 수밖에 없습니다.

2019년 중소벤처기업진흥공단 조사 결과에 따르면 수출중소기업의 가장 큰 애로사항은 '바이어 발굴'과 '자금 조달'이라고 합니다. 대체로 규모가 작은 업체일수록 '자금 부족'이 가장 큰 애로사항이고 게임, 콘텐츠, 소프트웨어 등을 아이템으로 하는 서비스업의 가장 큰 애로사항은 '해외 바이어의 발굴'이라고 합니다. 참고로 통계청이 발표한 'ICT 중소기업 수출 애로사항 순위'와 제가 생각하는 애로사항별 지원 유관기관도 함께 소개드립니다.

ICT 중소기업 수출 애로사항

1. 시장 정보의 부족과 거래처 발굴
   ☞ KOTRA, 무역협회, 무역보험공사(K-SURE)

2. 자금 부족
   ☞ 신용보증기금·기술보증기금, 중소벤처기업진흥공단, 무역협회, 무역보험공사, 수출입은행, 외국환은행

3. 수출전문 인력의 부족
   ☞ KOTRA, 무역협회, 무역보험공사의 무역교육 및 컨설팅 활용
   (순서대로 KOTRA, 무역협회, 무역보험공사 순으로 활용 추천)

4. 현지 시장 규격 및 인증에 대한 대응
   ☞ KOTRA, 무역협회

5. 수출 규제 부담
   ☞ 무역협회

6. 언어 장벽
   ☞ KOTRA 현지무역관 및 수출바우처사업

7. 기업 인지도의 부족
   ☞ KOTRA 해외마케팅 지원서비스

8. 국내 레퍼런스(국내시장 매출 경험 부족)

9. 기술력 부족

※ 출처 : 'ICT 중소기업 수출 애로사항 순위' 통계청 2021년

다음은 한국무역협회 주최의 '한빛회기업 수출현장 애로 간담회 (2023년 5월 31일)'에서 한 중소 제조기업 대표가 한 말입니다.

"코로나로 최근 3년 동안 수출 중소기업은 매우 어려운 시기를 보내고 있다. 수출대금 회수가 지연되는 상황이 지속돼 수출금융 기관들의 보증 등 지원이 필요하지만 수출금융 기관들은 담보를 요구하면서 중소기업을 외면하고 있다."

무역협회의 2024년 1/4분기 수출기업 금융 애로 실태조사에 따르면 수출기업들의 주요 건의사항은 금리부담 완화(79.7%), 대출 및 신용보증한도 확대(58.5%)였습니다. 우리 수출기업들이 감당가능한 대출금리 수준은 3%대인 반면, 현재 감당하고 있는 대출금리 수준은 5%대 수준이어서 수익성이 저하되고 있다고 합니다. 이 책에서 소개드리는 경쟁력 있는 정책 금융을 잘 활용하시길 바랍니다.

人無遠慮 難成大業(인무원려 난성대업), 큰일을 하려면 미리미리 준비를 해야 합니다. 앞으로 중소기업의 애로사항 중 바이어 발굴, 해외 마케팅, 자금 조달, 수출대금 회수 지연(불능) 위험 위주로 설명드리겠습니다. 초보수출기업이라도 이러한 위험들을 미리 파악하고 대비하면서 해외시장에 진출하면 글로벌기업을 넘어 중견기업으로 성장할 수 있을 것입니다.

2장

수출은
어떻게 하나?

"어둠을 탓하기보다는 한 자루 촛불을 켜라."

_스코틀랜드 속담

1

수출이 살 길이다

"잔잔한 바다는 노련한 사공을 만들지 않는다."

_아프리카 속담

우리나라의 1인당 GDP(명목 기준)는 1960년대에 100달러대였지만 2022년에는 3만 2천 달러(2023년 3만 3천 달러)로 3만 4천 달러인 일본을 바짝 뒤좇고 있습니다. 우리 경제가 이렇게 급성장한 것은 수출 중심의 공업화 전략에서 기인합니다.

우리나라는 1962년에 처음으로 1억 달러로 수출의 역사를 시작했습니다. 1971년에는 11억 달러로 두 자릿수에 진입했고, 1977년 100억 달러로 세 자릿수에 들어섰으며, 1995년에 1,251억 달러를 기록해서 네 자릿수에 들어섰습니다. 이후에도 숨 가쁘게 달려와서 2023년에는 6,322억 달러를 기록하였습니다. 최근 달리는 속도가 좀 느려지기는 했으나 1조 달러도 조만간 달성할 것입니다. 그런데 왜 우린 수출에 목매야 할까요? 일본처럼 내수에 중점을 두고 우리

끼리 경쟁하면 안 될까요?

우리는 물건을 만들 수 있는 자원이 충분치 않고, 만든 물건을 팔수 있는 국내시장도 협소하고, 여러 분야에서 기술을 선도하는 입장이 아니어서 국내에만 머물면 우물 안 개구리가 되어 도태될 수 있습니다. 우리는 수출을 해야만 살아남을 수 있는 처지입니다.

가진 게 없다

제조업이 경제의 주요 동력인 우리나라는 에너지원과 광물자원 확보에 사활을 걸어야 합니다. 특히나 에너지원인 석유와 가스는 과거에 오일쇼크를 일으킬 정도로 중요했고 지금도 여전히 중요합니다. 최근에는 전기차 보급 확대로 니켈, 망간, 리튬 등 희유금속이나 광물자원 확보도 중요해졌습니다.

그런데 국회예산정책처의 '2023 대한민국 경제'에 따르면 2008년 이후 우리나라의 에너지 수입의존도는 연평균 96.4%를 기록 중입니다. 우리는 에너지원 대부분을 수입하기 때문에 살아남기 위해서라도 부지런히 수출을 해서 수입에 필요한 외화를 벌어와야 합니다.

국내시장이 좁다

가장 좋은 복지는 일자리입니다. 일을 통해 돈을 벌어 생계를 꾸려가고 자아실현을 할 수 있기 때문입니다. 일자리를 늘리려면 경제가 성장해야 하고 이를 위해서는 물건을 많이 만들어 팔아야 합니다.

그런데 우리나라는 인구가 5천만 명에 불과해서 국내시장만 대상으로 해서는 삼성전자, 현대자동차 같은 거대 기업이 탄생할 수도, 유지해갈 수도 없습니다.

우리의 수출실적은 GDP의 40%에 달합니다. 수출이 없다면 무려 40%에 달하는 매출이 사라진다는 의미입니다. 삼성전자의 매출에서 수출이 차지하는 비중은 60%가 넘습니다. 현대차의 수출비중도 50% 내외에 달합니다. 해외시장에 진출했기에 우리 기업이 글로벌 기업으로 성장할 수 있었습니다.

일본 기업들이 잘나가다 우리 기업에 밀리면서 도태된 이유는 인구 1억 2천만 명인 어중간한 내수시장을 믿고 해외진출에 전력을 다하지 못했기 때문입니다.

치열하게 경쟁해야 한다

1980년대까지만 해도 우리나라 상품의 질은 형편없었기 때문에 니콘 카메라, 소니 워크맨 등 일본 전자제품은 선망의 대상이었습니다. 그러던 것이 우리나라는 1997년 외환위기를 계기로 혹독한 시련을 겪으면서 글로벌 시장에서 살아남기 위해서 품질을 높여야 했고 그 결과 일본을 따라잡고 우리 상품이 국제시장에서 품질로도 경쟁할 수 있게 되었습니다.

반면 일본은 어중간한 내수시장에 안주하고 글로벌 기준에 부합되지 않는 자기만의 표준을 고집하다가 뛰어난 기술이 갈라파고스화되면서 예전의 명성을 잃어가고 있습니다.

NTT 도코모는 애플보다 먼저 휴대폰 인터넷 서비스를 개시했고, 아이앱이라는 앱 장터도 먼저 만들었지만 오픈플랫폼 전략이 아닌 폐쇄적인 사업 운영으로 글로벌 시장 확대에 실패했습니다. 뛰어난 기술력에도 불구하고 비디오 규격화 전쟁에서 패배한 소니도 마찬가지입니다.

잔잔한 바다는 노련한 사공을 만들지 않습니다. 우리나라가 부존 자원이 부족하고 시장이 협소한 것이 역설적으로 '수출입국'을 지향해 치열하게 경쟁해 국제시장에서 우뚝 설 수 있는 계기가 되었습니다. 수출이 우리의 살 길입니다!

2

수출 개념과 거래형태

수출을 하려면 무역과 수출의 개념을 알 필요가 있습니다. 무역거래 중 수출에 대해서는 정부의 지원혜택이 많고, 수출 유형에 따라서도 지원혜택이 다르기 때문입니다. 먼저 외국 또는 비거주자와의 거래 및 이에 수반되는 자금의 이동을 '국제거래(대외거래)'라고 하는데 국제거래는 '경상거래'와 '투자 및 자본거래'로, 경상거래는 '무역거래'와 '무역외 거래'로 분류합니다.

관행적으로 무역은 물품의 수출 또는 수입을 말하고, 용역(서비스) 거래는 무역외 거래로 분류합니다. 그러나 우리나라 대외무역법 제2조에서는 물품, 용역 및 전자적 형태의 무체물을 포함하여 '물품 등'으로 정의하고, 물품 등의 수출입을 '무역'이라고 정의하고 있습니다. 그리고 수출 또는 수입을 하는 자를 '무역거래자'라고 정의하고 있습니다. 또한 대외무역법에서 '수출'은 다음과 같이 정의하고 있습니다(시행령 제2조 제3호).

1. 매매 등의 원인으로 국내에서 해외로 물품을 이동
2. 보세 창고에서 외국인에게 국내에서 생산된 물품을 매도
3. 유상으로 외국에서 외국으로 물품을 인도
4. 거주자가 비거주자에게 특정의 용역의 제공
5. 거주자가 비거주자에게 전자적 형태의 무체물을 전송 또는 인도

대외무역법에서 '수입'은 다음과 같이 정의하고 있습니다(시행령 제2조 제4호).

1. 매매 등의 원인으로 외국으로부터 물품을 인수
2. 유상으로 외국으로부터 물품을 인수
3. 거주자가 비거주자로부터 특정의 용역을 제공받는 것
4. 거주자가 비거주자로부터 전자적 형태의 무체물을 전송받거나 인수하는 것

따라서 이 책에서 '수출' 또는 '수입'이라고 할 때는 대외무역법의 정의에 따른 수출 또는 수입을 의미하지만 대부분은 이 중에서도 '물품의 국제간 거래'를 의미합니다. 한편으로는 국제간의 거래가 복잡

해지면서 대외무역법에서 정의하지 않은 재판매거래 등의 거래도 넓게 수출의 범주에 포함시켜서 지원혜택을 주는 경우도 있습니다.

다음은 무역보험공사(무보)의 대표 상품인 단기수출보험(선적후) 약관에서 구분하는 수출의 유형입니다. 무보는 약관에 따라 중계무역이나 재판매거래도 담보하고 있습니다.

■ 일반수출

국내에서 생산·가공 또는 집하된 물품을 수출하는 거래(우리나라 선박에 의하여 외국에서 채취 또는 포획한 수산물을 수출하는 거래 포함)

■ 위탁가공무역

국내기업의 해외현지법인이 생산·가공한 물품 또는 국내기업이 위탁하여 외국에서 가공한 물품을 수출하는 거래

■ 중계무역

수출을 목적으로 물품을 수입하여 국내에서 통관하지 않고 제3국으로 수출하는 거래

■ 재판매

수출자가 현지법인을 포함한 해외지사 등에 물품을 수출하고, 동 해외지사 등이 동 물품을 현지 또는 제3국에 재판매하는 거래

이 정의에서 중계무역(Intermediate Trade)은 물건을 수입하되 국내 통관은 하지 않고 수출하는 형태로, 중계무역자는 수입계약과 수출계약을 모두 체결하고 수출대금을 직접 수령합니다. 이 경우에 '수출대금(FOB)-수입대금(CIF)'만이 대외무역법상 수출 실적으로 인정됩니다.

한편 중개무역(Merchandising Trade)은 중개무역상이 수출 또는 수입계약의 당사자가 되는 것이 아니라, 수출자와 수입자 간의 거래를 중개하고 중개수수료만을 수취하는 형태입니다. 중계무역과 마찬가지로 물품은 중개무역자의 국가로 반입되지 않고 수출국에서 수입국으로 직접 이동합니다. 이 중개무역은 대외무역법상 수출거래로 인정되지 않습니다.

수출은 또한 직수출과 간접수출로 구분되기도 합니다. 직수출은 국내수출자가 해외바이어에게 수출하는 형태이고, 간접수출은 국내생산자 또는 판매자가 국내수출자에게 판매하고 국내수출자가 이를 다시 해외수입자에게 수출하는 형태의 거래에서 국내생산자(판매자)가 국내수출자에게 판매하는 계약을 간접수출이라 하고 내국신용장 또는 구매확인서를 토대로 무역금융, 무역보험 등의 수혜를 받을 수 있습니다.

수출자가 현지법인 포함 해외지사 등에 물품을 수출하고, 동 해외지사 등이 당해 물품을 현지 또는 제3국에 재판매하는 거래에서 해외지사 등이 현지 또는 제3국에 판매하는 거래를 재판매거래라고 합

니다. 주로 삼성전자, LG전자 등 대기업이 수입자의 거래요청에 즉
각적으로 대응하기 위해서 재판매거래를 많이 합니다.

수출 혜택

수출자가 수출거래와 관련해서 지원받을 수 있는 정부 혜택은 다
음과 같습니다. 이외에도 수출유관기관, 금융기관에서는 다양한 지
원혜택을 부여하고 있습니다.

- 부가가치세 영세율 적용
- 수출용 원재료에 대한 관세 등의 환급
- 수출물품을 불량 등 사유로 재수입하는 경우 관세 면제
- 무역금융의 지원
- 무역보험제도의 운용
- 대금 결제상의 편의 제공
- 수출입실적 인정 통한 각종 혜택(무역의날 포상 등) 부여 등
- FTA 협정 체결국으로 수출 시 원산지증명서 발급해서 바이어에게 FTA
  특별관세 혜택 부여 가능

초보수출자에게는 모든 것이 막막하고 길이 안 보일 수도 있습
니다. 道行之而成(도행지이성), 그럼에도 우직하게 나아가면 길은 만들
어질 것입니다.

3
수출 절차와 수출서류

"천리 길도 한 걸음부터 시작한다.
끝에서도 처음처럼 신중히 하면 실패하는 일이 없다."
千里之行 始於足下 愼終如始 則無敗事

_《도덕경(道德經)》

초보 운전자는 좌충우돌할 수밖에 없습니다. 크게 다치지 않으려면 교통법규와 자동차 기본구조를 파악하고 안전한 서행운전을 해야 합니다. 그런 다음에 점차적으로 속도를 올리고 운행거리를 늘려가야 합니다. 초보수출자도 마찬가지입니다. 수출 절차와 리스크를 미리 파악한 후 한 걸음을 내딛어야 합니다. 그러면 천리를 갈 수 있습니다.

수출 절차는 크게 보면 바이어 발굴, 수출계약 체결, 신용장 입수(신용장거래), 수출승인(필요 시), 수출물품 확보, 수출검사(수입자 요구 시), 운송 및 보험계약 체결, 수출신고 및 통관, 물품 선적, 수출대금 수령, 사후관리(관세 환급 등)의 단계로 진행되며 그 과정에서 적지 않은 위험과 애로에 처하게 됩니다. 초보수출자는 이 모든 과정을 혼자 해결하려 하지 말고 관세사무소, 포워더, 물류회사, 수출유관기관, 금융기관 등의 도움을 활용해야 합니다. 그리고 초보 딱지를 뗀 후에도 처음처럼 한결같은 마음을 유지(愼終如始, 신종여시) 해야 쉽게 무너지지 않을 것입니다.

수출 절차

■ 바이어 발굴

- 목표시장 선정, 시장조사
- 박람회 참여, 거래선 신용조사 등
- KOTRA, 무역협회, 무역보험공사 활용

■ 수출계약 체결(수출 가격조건, 결제조건 등 포함)

- 가격조건은 주로 FOB 또는 CIF 조건 등
- 결제조건은 신용장방식, 송금방식, 추심방식(D/A, D/P) 등이 있으나 주로 송금방식 활용
- 중요 거래에서는 클레임 조항, 중재조항 등 포함 필요

■ 신용장의 수취

- 신용장거래의 경우
- 신용장 내용 확정 전 초안 입수해서 수출계약 내용과 일치 여부, 유효기간 등 확인 및 수정 요청 필요

■ **수출승인/허가**

대외무역법의 수출입공고, 통합공고, 전략물자수출입고시 등에 의
해 거래가 제한되면 수출승인, 요건확인, 허가 등의 절차 필요

■ **무역보험 가입**

수출금융 조달 및 대금미회수 위험 담보(무역보험공사)

■ **수출금융과 수출물품의 조달**

• 수출물품 생산 또는 구매를 위한 자금 조달(수출실적, 수출계약서, 내
  국신용장, 구매확인서 등 근거로 무역금융 등 활용)

• 신용보증기금·기술보증기금, 중소벤처기업진흥공단, 무역보험
  공사, 수출입은행, 무역협회 등 활용

■ **수출검사**

• 수입자가 수출물품의 검사를 요청하는 경우 실시

• 수입자가 직접하거나, 수입자가 대리인 통해서 검사 또는 수입
  자 지정 기관에서 실시

■ **운송계약과 보험계약의 체결**

• 초보수출자는 포워딩업체 활용

• 포워더는 코리아쉬핑가제트(www.ksg.co.kr) 등 참고해서 선정

■ 수출신고 및 수출통관

- 수출 시 물품이 소재하는 지역을 관할하는 세관에 신고(FOB 기준 200만 원 초과 시 신고, 200만 원 이하도 수출실적 필요 시 신고 가능). 수출신고필증 득. 수출신고는 관세사에게 의뢰하거나 수출자가 관세청 전자통관시스템(unipass.customs.go.kr)에서 직접 할 수도 있음
- 수출통관 절차는 세관에 수출신고를 한 후 물품을 선박이나 항공기에 적재하기까지의 절차를 말함
- 수출신고 물품검사는 원칙적으로 생략되나, 예외적으로 신고지검사, 적재지검사 대상이 되면 검사일정에 따라 선적일정 변동 가능성 있음

■ 화물선적
수출신고 수리일로부터 30일 내 물품 선적후 선하증권(B/L) 취득

■ 운송서류의 구비와 대금 회수
운송서류와 환어음 구비해서 은행 제시 후 대금조기 회수(Nego)해서 선적전 받은 수출금융 상환

■ 수출대금의 만기 수령
결제기일 만기에 대금 수령해서 네고 자금 상환

■ 관세 등의 환급

관세 환급은 물품이 수출 등에 제공된 날로부터 5년 이내에 신청(수출 등에 제공된 날의 말일로부터 소급하여 2년 이내 수입된 원재료 대상)

■ 수출대금 미회수 위험 발생 시 대응

무역보험공사(무보)에 보험금 청구 및 수령 또는 해외채권 회수대행 서비스 의뢰

최근에는 수출승인, 통관이나 운송, 적하보험 등의 수출 업무는 관세사무소, 복합운송업자(포워더), 보험회사 등이 대행해주고 있습니다.

수출서류

■ 선하증권(B/L, Bill of Lading)

물품 선적후 선박회사가 발행하며 원본(Original B/L)의 소지자에게 물품을 인도하는 물품 권리증권

선적서류보다 물건이 먼저 도착 시 : 송금방식에서 항해일수가 짧아 수입자에게 원본 B/L이 물품보다 늦게 도착할 가능성이 있는 경우에는 선박회사에 원본 반납하고 사본 B/L에 'SURRENDERED' 스탬프를 찍어 송부하면 물품을 찾을 수 있음.

신용장방식에서 물품이 선적서류보다 먼저 도착 시 수입자는 은행의 보증

을 받아 선박회사에 수입화물선취보증서(Letter of Guarantee)를 제출하고 물건을 찾을 수 있음.

■ 항공화물운송장(AWB, Air Way Bill)

항공운송 시 발행되며 B/L과 같은 성격이나 물품 권리증권 기능은 없음

■ 상업송장(Commercial Invoice)

수출자가 작성하는 상품명세서겸 대금청구서로 수량, 단가, 가격, 가격조건, 결제조건, 선적항, 양륙항 등 포함

■ 포장명세서(Packing List)

물품의 중량과 부피 등 표기

■ 검사증명서(Certificate of Inspection)

수입자가 확실한 품질의 상품을 수입하고자 할 때 요구하는 서류

■ 원산지증명서(Certificate of Origin)

어떤 물품이 어느 나라에서 제조되었는지를 나타내는 서류로, 우리나라는 대한상공회의소 원산지증명센터(cert.korcham.net)에서 발급

수출실적 확인

수출을 하고 나서는 무역금융을 추가로 받거나 무보 등 관련 보증기관 보증서를 발급받기 위한 증빙서류인 '수출실적 확인서'를 발급받아야 합니다. 최근에는 문서가 전자화되어 온라인 발급과 전송이 가능해졌습니다. 통관 수출이나 용역 수출의 경우에는 한국무역협회 멤버십 서비스(https://membership.kita.net)에서 발급받을 수 있습니다.

수출 유형에 따라 거래하는 외국환은행(내국신용장, 구매확인서 실적, 중계무역 등), 한국소프트웨어산업협회(전자적 형태의 무체물) 등에서 실적확인서를 발급받을 수 있습니다. 간접수출에서 구매확인서 등은 국가전자무역기반시스템인 유트레이드허브(www.utradehub.or.kr)에서 온라인으로 발급받을 수 있습니다.

한편 Bank TRASS 플랫폼(www.bandtrass.or.kr)에서는 수출자의 직수출 실적을 무역금융 대출은행으로 전송할 수 있습니다. 무역보험공사도 보험(보증) 업무에서 Bank TRASS를 활용합니다. Trade My Data(www.tmydata.or.kr)를 통해서는 중소벤처기업진흥공단, KOTRA 등 유관기관으로 수출자의 수출실적을 전송할 수 있습니다.

4
수출가격 조건과 결제방식

"겸손은 지위가 높으면 빛이 나게 하고,
지위가 낮아도 넘볼 수 없게 하니 군자의 지향점이다."

謙 尊而光 卑而不可踰 君子之終也

_《주역(周易)》

앞서 소개해드린 수출계약 조건 중에서 추가 설명이 필요한 거래
조건(인코텀즈)과 결제방식을 설명해드립니다.

수출가격 조건

인코텀즈(Incoterms)는 국제상업회의소(ICC)가 주관하여 작성한 '무
역조건의 해석에 관한 국제규칙(International Rules for the Interpretation
of Trade Terms)'의 약칭입니다. 인코텀즈는 수출자의 창고에서 바이
어의 창고까지 운송 도중 발생하는 비용과 위험을 누가 부담하느냐
를 정한 거래조건으로, 임의규칙이라 이를 적용하려면 계약서에 인
코텀즈 2020을 적용한다고 명시해야 합니다.

11개의 정형거래조건은 다음과 같습니다. EXW 조건은 수출자의

공장 등에서 수입자에게 물건을 전달하면 이후의 모든 비용과 의무는 수입자가 지는 조건으로, 수출자에게 가장 유리합니다. 11개의 거래조건은 마지막으로 갈수록 수출자의 책임이 무거워져서 마지막 DDP조건에서는 수출자가 수입통관을 하고 수입국 관세까지 부담합니다. 통상 FOB와 CIF 조건이 주로 사용됩니다.

FAS, FOB, CFR, CIF는 해상 및 내륙수로 운송에서만 사용되고, 나머지 7개는 모든 운송에 사용됩니다. 수출자의 적하보험 가입 의무에서 CIF는 최소 담보 조건인 ICC(C)로 부보하면 되고, CIP에서는 최대 담보 조건인 ICC(A)로 부보해야 합니다. CIF, CIP에서 보험은 수출자가 수입자를 위하여 가입하므로 수출자는 보험증권을 수입자 측에 전달해야 합니다.

1. EXW(EX works ; 공장 인도)

2. FCA(Free Carrier ; 운송인 인도)

3. FAS(Free Alongside Ship ; 선측 인도)

4. FOB(Free On Board ; 본선 인도)

5. CPT(Carriage Paid To ; 운임 지급 인도)

6. CIP(Carriage and Insurance Paid to ; 운임/보험료 지급 인도)

7. CFR(Cost and Freight ; 운임 포함 인도)

8. CIF(Cost, Insurance and Freight ; 운임/보험료 포함 인도)

9. DAP(Delivered at Place ; 도착 장소 인도)

10. DPU(Delivered at Place Unloaded ; 도착 양하 인도)

11. DDP(Delivered Duty Paid ; 관세 지급 인도)

FOB에서 수출자는 본선(선박)에 인도하기까지의 비용과 의무를 부담하고 수출통관도 처리해야 합니다. 따라서 본선 적재까지의 비용은 수출자가 부담하고, 본선 적재 시 발생하는 운송비용과 본선 운송 과정에서 발생하는 위험부담은 수입자가 집니다. 수출자는 본선 적재까지 발생하는 비용을 감안해서 수출가격을 산정해야 합니다. 본선 운송비 포함해서 이후 발생하는 비용은 수입자 몫입니다.

CIF에서 수출자는 도착항까지의 운송비와 보험료를 지불합니다. 수출가격 산정 시에는 이들 비용을 모두 포함해야 합니다. 다만 본선 적재 후 도착항까지의 위험부담은 수입자에게 넘어갑니다. CIF 조건으로 수출할 때는 선박이나 운송방법을 수출자가 지정할 수 있지만, FOB 조건으로 수출하면 해외에 있는 수입자가 운송방법을 지정하고 책임진다는 점을 상기할 필요가 있습니다.

FOB 조건에서 물류대란이 발생해 운송비가 증가하면 수입자의 부담이 늘어납니다. 한편 CIF에서는 수출자가 운송업자와 운송방법을 정하기에 선적일을 탄력적으로 조절할 수 있다는 장점이 있습니다.

수출 결제방식

돈을 사전송금방식으로 100% 먼저 받고 물건을 보내는 결제 조건이 수출자에게 가장 유리한 반면, 수입자에겐 가장 불리합니다. 반대로 수입자가 물건을 먼저 받고 돈을 나중에 보내는 결제 조건은 수입자에게 유리하나 수출자에겐 불리합니다. 수출자와 수입자의 협상력에 따라 그 사이 어딘가의 조건으로 결정됩니다. 물건을 먼저 보내고 돈을 나중에 받는 조건에서 수출자는 위험을 줄이기 위해 은행의 보증인 신용장거래를 요구하거나 거래 리스크를 담보하는 무역보험에 들 수도 있습니다.

주요 수출 결제방식

구분	세부 결제방식	국제규칙
신용장방식 (Letter of Credit)	• 일람불 신용장(At sight L/C) • 기한부 신용장(Usance L/C) 　− Shipper's Usance, Banker's Usance	UCP600 ISBP
추심방식 (Collection)	• D/P(Documents against Payment ; 지급인도) • D/A(Documents against Acceptance ; 인수인도)	URC522
송금방식 (Remittance) (결제수단은 주로 T/T)	• 송금방식의 유형 　− 사전송금 : 　　CWO(Cash With Order) 　　T/T in advance 　− 대금 교환 조건 : 　　COD(Cash On Delivery) 　　CAD(Cash Against Documents) 　− 사후송금 : 　　O/A(Open Account), T/T 외상, NET	없음

수출 결제방식에는 신용장방식, 추심방식, 송금방식 등이 있습니다. 신용장(Letter of Credit)은 개설의뢰인(수입자)의 요청에 의해 개설은행이 신용장 내용과 일치하는 서류가 제시되면 수출자에게 대금 지급을 약속하는 증서입니다. 신용장방식에서는 수출자가 선적하면 수입자가 은행을 통해 선적서류 등을 받자마자 즉시 대금을 지급하는 일람불신용장(L/C at Sight)방식, 선적서류 등 도착 후 일정기간 경과 후 대금을 지급하는 기한부신용장(L/C Usance, 예 : Usance 90 days)방식이 있습니다.

수출자에게 Shipper's Usance는 Usance 구조라 네고 시 만기까지 이자가 차감된 금액을 받지만, Banker's Usance는 At Sight 구조여서 바로 수출금액 전액을 받습니다.

무신용장거래는 선적전에 돈을 미리 받는 사전송금방식(CWO, T/T in advance 등), 물품 또는 선적서류를 받자마자 지급하는 방식(COD, CAD, D/P), 선적후 사후에 지급하는 외상거래방식(D/A, O/A, T/T 외상거래)이 있습니다.

전신환송금방식(Telegraphic Transfer, T/T)은 수입자가 인보이스를 근거로 수출자의 계좌로 송금하는 방식으로, '국제간 계좌이체'라고 볼 수 있습니다. 간편하고 거래비용이 저렴해서 무역거래에서 가장 많이 활용하는 방식입니다. T/T 거래를 위해서는 수출자가 외화를 송금받을 수 있는 외화계좌를 가지고 있어야 합니다. T/T는 송금수단을 의미하나 때로는 환어음 발행 없는 무신용장거래 결제방식을 뜻

하기도 합니다.

일반적으로 사전송금방식은 초창기 거래규모가 작을 때 활용되고, 이후 거래규모가 늘어나면 계약금조로 선수금 일부(약 30%), 외상 일부(약 70%)의 구조로 바뀌다가, 거래가 지속되면 송금방식 외상거래가 주를 이루게 됩니다. 사전송금방식 중에서도 수입자가 주문(Order)과 동시에 대금을 송금하는 방식을 CWO(Cash with Order)라고 합니다.

D/P는 수입국 은행에 도착한 선적서류 등과 교환 조건으로 대금을 지급하는 방식입니다. D/A는 수입자가 은행에서 선적서류 등을 인수한 후 일정기간 경과 후 대금을 지불하는 방식입니다. D/P, D/A와 같은 추심방식은 은행을 통해서 서류가 수입자에게 전달된다는 점은 신용장방식과 같으나 은행이 지급보증을 하지 않는다는 점에서는 신용장방식보다 리스크가 더 높습니다.

상품인도결제방식(COD ; Cash on Delivery)은 수출자가 상품을 선적한 후 선적서류를 자신의 대리인 등에 송부하고 상품이 목적지에 도착하면 수입자가 직접 검사하고 상품을 인도받으면서 대금을 현금으로 결제하는 방식입니다.

서류인도결제방식(CAD ; Cash Against Documents)은 수출자가 상품 선적후 선적서류를 수입자의 대리인(주로 수출업자의 국가에 소재) 또는 수입자의 거래은행에 제시하여 선적서류와 교환해 대금을 받는 방식입니다. CAD에서 서류가 은행을 통해서 전달되는 경우에도 D/P,

D/A와 달리 환어음은 발행되지 않습니다. 이 방식은 아프리카 등에서 자주 활용됩니다.

팩토링과 포페이팅은 수출자가 선적후 수출채권을 매각해 수출대금을 유동화하는 방식입니다. 팩토링(Factoring)은 수출자가 수출팩터에게 선적서류를 양도하고 수출대금을 상환청구불능 조건(without Recourse, 일부 상환청구가능 조건도 있음)으로 선지급 받는데 주로 거래규모가 작고 결제기간이 6개월 내인 단기입니다. 일반적으로 무신용장방식 외상매출채권을 대상으로 합니다. 이러한 팩토링의 단점은 수출팩터에게 지불하는 수수료가 비싼 편이라는 점입니다.

포페이팅(Forfaiting)은 수출자가 금융기관에 상환청구불능(without Recourse) 조건으로 수출채권을 양도하고 대금을 수령하는 방식입니다. 포페이터인 금융기관은 비소구(상환청구불능) 조건으로 수출채권을 매입하기에 대상거래는 주로 신용장거래나 신용도가 양호한 수입자와의 거래입니다. 우리나라에서는 수출입은행이 팩토링과 포페이팅 상품을 취급하고 있습니다.

선적통지부 사후송금방식인 O/A(Open Account) 거래는 무신용장방식 외상거래입니다. 수출입자 간에 포괄적인 수출계약을 맺고 동 계약에 따라 건별 구매주문서(Purchase Order)에 의해서 수출자가 물품을 선적한 후 수입자에게 선적서류를 직접 송부한 후 일정기간 내 수출대금 결제가 이루어지는 방식입니다.

O/A매입거래에서 수출자는 선적후 선적서류와 채권양도에 따른

대금지시서 등을 수입자에게 직접 보내서 물건을 찾게 하고 대금은 매입은행 지정 계좌로 송금하게 합니다. 수입자가 수출자 앞으로 채권 양도 동의서를 송부하면 수출자는 수출서류 등을 거래은행에 제출해서 수출대금을 대출 형식으로 선지급 받을 수 있는데, 이를 O/A 네고(매입)라고 합니다.

청산결제방식 O/A거래에서는 수출입자 간 거래가 빈번한 경우에는 건별로 결제하지 않고 일정기간 동안의 대금을 일괄 정산합니다. 한편 무역보험공사에서는 무역보험 업무 취급 시 T/T, COD, CAD 등 송금방식 거래를 통칭해서 Open Account 거래로 보고 있습니다. 이처럼 O/A는 여러 의미로 사용되고 있습니다.

NET 거래란 수출자가 수입국 등에서 물품을 수입자에게 인도하고, 수입자가 해당 물품을 인수한 날로부터 결제기일이 정해지는 형태의 거래를 말합니다. 주로 규모가 있는 수출자가 수입자의 요구에 즉시 대응하기 위해서 활용하는 결제방식입니다.

수출자 기준으로 결제방식을 위험도 낮은 것부터 높은 것으로 순차적으로 나열하면 사전송금방식, L/C at sight, L/C Usance, D/P (COD, CAD), D/A, T/T(O/A 포함) 등 외상거래 순입니다.

은행보증인 L/C 거래라고 언제나 안전한 건 아닙니다. 신용장거래에서는 첨부한 서류와 신용장 문구가 일치하지 않으면 서류상 하자를 트집잡아 개설은행이 지급을 거절할 위험이 있습니다. 신용장 통일규칙과 각국 법원의 판례는 단순 오탈자나 경미한 문언 불일치를 개설은행의 책임을 면하게 하는 하자로 보지는 않습니다.

그러나 아프리카 등 국제적인 신용관행이 정착되지 않은 후진국에서는 수입자와 개설은행이 사소한 하자를 트집 잡아서 지급을 거절할 우려가 있습니다. 그러니 신용장조건에서는 신용장 문구와 첨부서류의 일치 여부를 면밀히 검토해야 하고 신용장에서 요구하는 모든 서류를 신용장 유효기일 내에 제시해야 합니다.

개설은행이 인지도가 낮은 은행이라면 무보의 국외기업 신용조사 서비스를 이용해서 은행 규모 등을 파악해볼 필요가 있습니다. 개설은행 신용도가 좋지 않거나 수입국 신용도가 좋지 않은 경우라면 개설은행을 바꾸어 달라고 하거나 다른 우량 은행이 추가로 보증하는 L/C(Confirmed L/C)로 진행하는 방법도 생각해볼 수 있습니다. 이런 방법들이 여의치 않으면 신용장거래라도 무역보험공사의 무역보험에 가입하는 것이 좋습니다.

외상거래와 무역보험을 활용한 시장개척 전략

바이어와 협상 시 수출자는 무신용장방식 외상거래라는 불리한 조건을 수용하는 대신 거래할 수 있는 바이어를 늘릴 수 있고 수출가격도 높여서 받을 수 있습니다. 특히 90일 이상의 장기외상조건을 받아들이면 경쟁사들을 물리치고 거래를 성사시키기 수월해질 수도 있습니다.

신용장 개설 여력이 부족한 아프리카 등의 시장에 따라서는 수출대금 미회수위험을 담보해주는 무역보험을 무기로 이런 협상전략을 구사할 필요가 있습니다. 이것이 시장개척을 지원하는 무역보험의 기능이기도 합니다.

3장

무엇을
준비해야 하나?

•

"하늘의 그물은 엉성하지만 놓치는 것이 없다."

天網恢恢 疏而不失

_《도덕경(道德經)》

1
시장조사와 바이어 발굴

"바람이 없을 때에는 바람개비를 들고 뛰어라."

_글로벌세아 회장, 김웅기

1) 시장조사 및 바이어 발굴

초보수출기업이 해외거래를 추진하는 데 있어서 가장 중요한 절차는 해외시장과 믿을 만한 바이어를 찾아내는 것입니다. 이번에는 KOTRA의 해외시장 정보, 바이어 발굴 및 시장조사 서비스를 소개해드립니다. 이어 무역협회의 바이어 매칭 서비스도 소개해드립니다.

(1) KOTRA

■ 해외시장 정보의 파악

KOTRA의 무역투자 빅데이터인 트라이빅(www.kotra.or.kr/bigdata)에서는 HS코드로 국가별 시장정보, 품목별 유망시장과 바이어 정보를 조회할 수 있습니다. 상품명으로 HS코드도 조회할 수 있습니다. 참고하면 수출품목별 국가별 수출입 정보는 목표 수출시장을 결정하는 데 도움이 될 것입니다. 또한 트라이빅(TRI BIG)의 바이어 정보는 바이어를 발굴하는 데 도움이 될 수 있습니다.

해외시장 뉴스(dream.kotra.or.kr/kotranews/index.do)에서는 상품별 각 무역관발 뉴스를 볼 수 있습니다. 해외시장 뉴스의 국가/지역 정보에 들어가면 각 국가의 국가 개황과 수출입 정보를 조회할 수 있습니다.

■ 수출상담회/무역사절단 참가

한국 상품 수입을 희망하는 구매단 또는 개별바이어를 유치하여 1:1 파트너 발굴 기회를 제공하는 서비스입니다. 국내에서 개최하는 수출상담회에 참여하면 별다른 비용을 들이지 않고도 다수의 바이어와 상담할 수 있습니다.

■ 전시회 참가

세계 유명 전시회에 한국관 단체 참가 지원, 국내 전시회 개최를 통해 바이어 앞에서 내 상품을 소개하고 바이어를 발굴할 수 있는 기회를 제공하는 서비스입니다. 글로벌전시플랫폼(www.gep.or.kr)에 접속하면 KOTRA가 엄선한 해외전시 정보를 확인할 수 있습니다.

■ 글로벌 파트너링(GP) 서비스로 바이어 발굴

KOTRA 해외무역관이 발굴한 글로벌기업의 비즈니스 협력수요를 토대로 국내기업과 연계를 통해 우리나라 소재·부품 기업의 글로벌 밸류체인 진입과 경쟁력 강화를 지원하는 사업입니다. 세계의 내노라하는 기업에 상품을 내보내고 싶다면 활용할 필요가 있습니다.

- **지원 대상** : 자동차, 항공, 기계중장비, 전기전자, 조선 등 소재부품 수출 중소중견기업
- **지원 내용** : GP 수출 상담회, GP 매칭

■ KOTRA 활용하여 수입국 시장조사 및 바이어 발굴

KOTRA 무역관이 직접 발로 뛰어 해외 잠재 바이어를 발굴하거나, 시장동향 조사 등 필요한 정보를 대신 조사해주는 서비스입니다.

조사 대상 : 수요동향 등 항목별 시장조사, 맞춤형 지원서비스(KOTRA 섭외 현지 전문가 활용 등), 현지 매장 방문 조사, 소비자 트렌드 설문조사, 수출물품 샘플 테스트 조사, 사업 파트너 연결 지원, 해외 거래선의 수출상품 관심도 조사, 수출품을 위한 원부자재 공급선 조사, 바이어 구매 성향 조사, 해외 비즈니스 출장 지원(바이어 상담 주선 등), 거래 교신 지원, 샘플 대리 전달, 대리 면담지원, 수출자의 바이어 실태 조사, 전시회 대리참관 등

'사업파트너 연결지원'은 수출자가 수출하고자 하는 지역의 무역관을 선택해서 내 제품에 관심을 갖는 바이어를 찾아달라고 요청하면 해당 무역관에서 2~3개의 업체 리스트를 연락처 등을 포함해 제공해주는 서비스로, 초보수출자에게 유용합니다. 게다가 단순히 연락처만 알려주는 것이 아니라 KOTRA에서 두 달 동안 바이어와 상호교신이 이루어질 수 있도록 교신지원까지 해주고 있으니 제법 쓸모 있는 서비스입니다. 초보수출자에게 강추합니다.

▪ KOTRA 무역관을 해외지사로 활용

해외에 지사를 설치할 여력이 부족한 중소중견기업을 위해 무역파트너 발굴 등 현지지사 역할을 대행하여 수출 및 해외 진출을 지원하는 서비스입니다.

▪ 내수기업 수출기업화 사업(강추)

초보수출기업(대상 : 전년도 수출실적 10만 달러 미만)에서 가장 인기 있는 지원사업입니다. 내수 위주 중소중견기업, 소상공인 등 내수초보기업을 대상으로 무역파트너 발굴 및 맞춤형 서비스를 제공하여 수출기업으로 성장할 수 있도록 지원하는 서비스입니다.

기업과 수출전문위원을 매칭하여 무역실무, 바이어 교신 등 수출성사에 이르기까지 수출 멘토링을 지원하며, 유관기관과 연계하여 수출전문 분야 세미나 개최 등 역량 강화를 지원하고, KOTRA 해외

무역관과 buyKOREA를 통해 우리 기업 홍보 및 잠재 바이어 발굴 등을 지원합니다.

〈지원 내용〉

수출 멘토링 : 수출 노하우가 부족한 내수초보기업과 무역전문가인 수출 전문위원을 매칭하여 무역실무, 바이어 교신 등 수출 성사에 이르기까지의 맞춤형 수출 멘토링 지원

역량 강화 : 수출유관기관과 연계하여 수출전문 분야 세미나 및 수출기업 으로의 전환에 필요한 역량 개발 지원 등 지원

잠재 바이어 발굴 : KOTRA 128개 해외무역관 및 B2B 플랫폼 buyKOREA 를 통해 유망내수초보기업 제품 홍보 및 잠재 바이어 발굴 등 지원

B2B 플랫폼 활용 마케팅 지원 : 내수초보기업 대상 글로벌 B2B 플랫폼 입 점부터 디지털 수출전문위원 활용, 바이어 인콰이어리 대응 등 밀착 지원

유관기관 연계 지원 : 법무부, 서울세관, 무역보험공사, FEDEX 등 유관기 관의 전문 서비스 제공

■ 글로벌기업 육성

성장가능성이 높은 예비 중견기업을 선발하여 1:1 해외 마케팅 지원을 통해 글로벌 경쟁력을 강화하고 글로벌기업으로 육성하기 위한 사업입니다. 기업과 KOTRA가 공동으로 해외시장을 분석하고 목표시장을 선정해서 진출전략, 액션플랜 수립, 사업단계별 바우처 발급 등을 지원하게 됩니다.

■ 온라인 플랫폼 활용

아마존, 라쿠텐(일본), 이베이, 타오바오, 큐텐, 라자다, 위챗 등 세계 온라인 유통망(B2C)에 내 제품을 입점할 수 있도록 KOTRA가 지원합니다. KOTRA가 운영하는 B2B 온라인 플랫폼인 바이코리아(www.buykorea.org)에 온라인 상점을 잘 꾸며 놓으면 한국제품에 관심이 있는 바이어를 발굴하는 데 도움이 될 수 있습니다. buyKOREA는 국내기업이 수출하고자 하는 제품을 등록해 놓으면 KOTRA 해외무역관에서 찾아낸 해외 바이어들이 이 제품을 구매하도록 하는 온라인 매칭 사이트입니다.

buyKOREA에는 해외 일반 바이어가 자발적으로 등록하기도 하지만, KOTRA 해외무역관을 통해서 오프라인 검증을 거친 바이어 인콰이어리도 수시로 올라오고 있으니 검색해서 바이어를 발굴할 수도 있습니다. 소액거래의 경우에는 buyKOREA 내에서 온라인으로 결제대금을 받을 수 있도록 온라인 결제솔루션(KOPS)도 제공하고 있습니다. B2B 사이트 중에서는 buyKOREA가 초보수출자들이 활용하기에 무난할 듯합니다.

유사 사이트로 무역협회에서 운영하는 트레이드코리아(www.tradekorea.com), 중소벤처기업진흥공단이 운영하는 고비즈코리아(www.gobizkorea.com) 등이 있습니다. 그리고 민간에서 운영하고 있는 EC21(www.ec21.com), EC plaza(www.ecplaza.net) 등도 활용할 필요가 있습니다.

■ 수출바우처 사업(강추)

KOTRA는 정부부처 간, 수출지원사업 간 칸막이를 제거하고 수출 중소중견기업이 수출지원사업을 자유롭게 선택할 수 있도록 바우처 형태의 수출지원기반 활용사업을 운영 중입니다. 최근의 바우처 지원사업에는 무역보험·보증 사업이 추가(한도 최대 1천만 원)되었습니다. 따라서 무역보험공사의 단기수출보험, 환변동보험, 수출신용보증(선적전), 국외기업 신용조사를 수출바우처로 이용할 수 있습니다.

역량강화 교육 서비스에서는 무역실무 교육, 어학교육 등을 지원합니다. 수출지원기반활용사업 홈페이지(www.exportvoucher.com)에서 온라인 신청으로 가능합니다. 연초에 사업내용을 공지하고 신청을 받는데 지원한도는 사업에 따라 다르며 연간 기준 최대 1억 원 이내입니다.

초보수출기업에 이러한 혜택들은 너무나 좋은 서비스입니다. 경쟁이 치열하지만 매년 지속적으로 신청할 필요가 있습니다.

수출바우처 사업은 KOTRA(소관부서 산업부) 외에 중소벤처기업진흥공단(소관부서 중소벤처기업부), 무역협회 등에서도 지원하고 있으니 잘 활용하시기 바랍니다. 다만 무역협회의 수출바우처는 기본 한도 50만 원(멤버십 보유기업은 10만 원 추가)으로 소액이고 구매가능한 서비스도 더 적습니다.

바우처로 구매가능한 14개 서비스

1. 전시회/행사/해외영업지원
2. 특허/지재권/시험
3. 브랜드 개발/관리
4. 서류대행/현지등록/환보험
5. 국제운송
6. 조사/일반 컨설팅
7. 해외규격인증
8. 디자인 개발
9. 역량강화 교육
10. 무역보험/보증
11. 법무 · 세무 · 회계 컨설팅
12. 홍보/광고
13. 홍보동영상
14. 통번역

■ 상담 및 컨설팅

상담 및 컨설팅은 KOTRA의 지역 · 분야별 수출전문위원과 법률 및 관세사 등 무역전문가들이 온오프라인에서 상담해주는 서비스입니다. 초보수출기업이라면 시장조사, 바이어 매칭, 전시회 등과 연계 상담이 가능한 KOTRA에서 상담을 시작할 것을 권해드립니다. 이후 무역협회에서 전문 분야별로 필요한 부분에 대해서 추가 상담을 받고 무역보험이나 자금 조달에 특화해서는 무역보험공사에서 상담을 받는 것이 좋을 듯합니다.

(2) 무역협회 글로벌 유망바이어 거래알선 서비스

글로벌 유망바이어를 온라인으로 초청하여 국내업체와 상시적으로 거래알선을 지원하는 무역협회의 온라인 거래알선 서비스입니다. 무역협회가 글로벌 유통 유망바이어의 소싱 품목을 파악하여 맞춤형 바이어 발굴을 지원합니다.

무역협회가 운영하는 B2B 플랫폼인 트레이드코리아(www.tradekorea. com)의 Seller 회원은 소싱 진행 중인 글로벌 유망바이어의 지역, 회사 소개, 품목 등 확인 후 참가 신청하면 됩니다. 무역협회에서는 참가신청서 확인 후 해외바이어와 매칭 적격 여부를 검토한 후 적격한 기업정보를 해외바이어에게 전달합니다. 이후 해외바이어가 신청한 국내기업 및 상품에 관심의사를 회신하면 매칭 결과를 통보해줍니다. 매칭 결과는 [신청내역]을 클릭 후 확인할 수 있습니다.

2) 바이어 신용정보

앞에서 해외시장조사와 바이어 발굴을 지원하는 KOTRA와 무역협회의 다양한 서비스를 소개해드렸습니다. 여기에서는 무역보험공사(K-SURE)와 Nice D&B의 수입자 신용조사 서비스를 소개해드립니다.

바이어를 발굴하면 이 바이어의 재무상태와 영업현황은 어떠한

지, 신용등급에는 변화가 있는지, 거래처와의 결제경험은 양호한지, 연체나 디폴트 상태에 있는지 등 바이어 신용도 관련 정보를 파악할 필요가 있습니다. 바이어를 발굴해서 어렵사리 수출을 이행하더라도 수출대금 결제가 되지 않는다면 헛일이고 거래규모가 큰 경우에는 감당할 수 없는 손실로 이어지거나 회사가 존폐의 위험에 처할 수도 있기 때문입니다.

(1) 무역보험공사 국외기업 신용조사

한국무역보험공사에서 바이어 신용 정보를 검색하기 위해서 아래의 'KSURE 해외신용정보센터'에 접속합니다.

☞ https://www.ksure.or.kr:8443/research

이곳에서 바이어 발굴을 위해서 거래를 희망하는 국가, 업종을 선택해서 바이어 리스트를 조회해볼 수 있습니다. 바이어명까지 알고 있으면 바이어명으로도 조회할 수 있습니다. 관심 있는 해외 바이어를 검색하면 우리나라 다른 수출자와 거래를 해서 무역보험 이용실적이 있는지를 검색할 수 있습니다. 더 중요하게는 국내 거래선과 거래하면서 대금미지급한 적이 있거나 파산 또는 영업 중지 등 사유로 불량(R)으로 묶여 있는지를 파악할 수 있습니다.

해외거래처를 발굴하면 먼저 K-SURE(무역보험공사) 해외신용정보센터에 접속해서 불량 여부를 파악한 후 불량이 아니라면 재무상태, 영업현황, 신용등급을 파악하기 위해서 신용조사를 의뢰하면 됩니다.

K-SURE의 국외기업 신용등급은 신용도에 따라 A, B, C, D, E, F, G등급과 불량(또는 조사불가)인 R등급으로 구분됩니다. 통상 A부터 F등급이 정상적으로 무역보험이 가능한 등급으로 분류됩니다. 이 중에서 A와 B등급은 우수, C는 양호, D는 보통, E는 다소 미흡, F는 미흡, G는 적자 지속이나 재무자료 미비 등으로 부실한 바이어를 의미합니다. R등급은 무역보험 사고가 발생했거나 영업 중지, 신용조사 불가 등으로 불량한 수입자를 의미합니다. 수출초보기업이 거래하는 해외 바이어 역시 대부분 규모가 작기에 D~F등급이 많습니다.

외상 거래 시 사고 가능성을 배제할 수 없으니 수출이행 전에 수출대금미회수 위험을 담보하는 무역보험 가입을 권해드립니다. 바이어가 G등급이라면 무역보험 가입도 아주 제한적인 경우에만 소액으로 이루어지기 때문에 거래 전에 K-SURE와 상의하거나 거래 지속 추진 여부를 재검토할 필요가 있습니다.

R등급의 불량 바이어라면 거래를 추진하면 안 됩니다. 다만 조사 불가 R등급인 경우는 최근 결제실적이 있으면 조사는 되지 않고 있으나 수입자 실체는 있다고 보아 소액 범위 내 무역보험 가입이 가능할 수도 있습니다.

무역보험공사(무보)에서는 무역보험 인수 시 수출자 신용등급도 평가해서 보험 한도나 일부종목(신용보증, 보증보험 등) 보험료 산정의 기초정보로 활용하고 있습니다. 수출자 신용도 역시 수입자 등급과 같은 체계로 신용도에 따라 A, B, C, D, E, F, G의 7단계로 구분하며 불량은 R등급으로 분류합니다. 마찬가지로 A부터 F등급이 정상적으로 무역보험 활용이 가능한 등급입니다.

현재 수출유관기관과 각 지자체에서는 중소중견기업 대상으로 무역보험료를 지원하는 사업을 시행하고 있으니 초보수출기업은 바이어와 거래 시 무역보험공사와 사전상담을 통해서 해외 바이어 신용도를 파악하고 보험료 지원예산을 활용해서 무역보험에 가입할 필요가 있습니다. 무보의 국외기업 신용조사비나 무역보험료 모두 보험료 지원예산으로 지원(예산 범위 내 지원)이 됩니다. 단, 일부 보험종목은 제외입니다.

수입자 신용조사비는 요약보고서의 경우 중소중견기업은 3만 3천원의 요금(부가세 포함)이 청구되나 무역보험 신규 또는 최근 3년간 미이용 고객은 3회까지 바이어 신용조사를 무료로 해주고 있으니 적극 활용하시기 바랍니다. KOTRA, 중소벤처기업진흥공단, 무역협회의 수출바우처 지원사업에서도 무역보험공사 신용조사비가 포함되어 있습니다.

신용조사 의뢰는 'KSURE 해외신용정보센터' 우측의 '사이버 영업점' 신용조사 의뢰 바로가기를 클릭하면 됩니다.

(2) Nice D&B 해외기업정보서비스

Nice D&B 해외기업정보서비스는 세계적인 신용조사기관인 D&B(Dun & Bradstreet)와 국내 나이스 그룹이 합작투자한 Nice D&B가 제공하는 신용조사 서비스입니다.

D&B는 전 세계 4억 개 기업 정보를 보유하고 있어 민간 신용조사기관 중에서는 제일 규모가 크고, 네트워크도 전 세계 200여 개국의 기업정보를 보유해 잘 갖추어져 있습니다. 무보가 해외 각 지역별로 전문신용조사기관 네트워크와 협력해서 신용조사를 한 후 이를 토대로 자체 평가시스템으로 평가하고 자체의 한글보고서 양식으로 신용조사보고서를 재생산하는 반면, D&B는 자체 조직망을 통해서 직접 조사한다는 차이점이 있습니다.

D&B의 장점은 전 세계 방대한 기업정보를 보유하고 있기에 기존 등록 기업의 경우에는 빠르게 기업정보를 획득할 수 있다는 점입니다.

다만 Nice D&B의 국외기업 신용조사보고서 비용은 영문이 30만 원에서 40만 원(부가세 별도)이고, 한글보고서를 원하는 경우에는 여기에 15만 원(부가세 별도)을 추가 부담해야 합니다. 초보수출기업이라면 유관기관의 수출바우처 활용이 필요해보입니다.

Nice D&B 신용조사는 아래 사이트를 참고하시기 바랍니다.

☞ https://www.nicednb.com/sv/service01.do

3) 국가신용정보

아무리 신용도와 재무상황이 우수한 바이어라고 해도 소재국의 국가위험이 현저히 높다면 거래 추진 시 신중을 기하고 무역보험 등 안전장치를 마련한 후 진행해야 합니다. 이와 관련해 유관기관의 국가정보 제공 서비스를 소개해드리겠습니다.

(1) 국가신용등급 및 신용정보

무역보험 인수방침은 국가별로 국가신용도에 따라 '정상인수', '조건부 인수', '인수거절' 등으로 구분합니다. 조건부 인수는 국가 리스크가 있기 때문에 여러가지 조건에 부합되는 거래에 한하여 보험인수를 한다는 의미입니다. 당연하지만 전쟁 중인 러시아는 국가 리스크가 높은 국가입니다.

무역보험공사는 공적수출신용기관(ECA ; Export Credit Agency)으로, 국가 위험이 있는 경우라도 최대한 지원하려고 하기에 국별인수방침상 인수거절국은 극히 소수에 불과합니다. 무보의 국별인수방침은 K-SURE 해외신용정보센터 국별인수방침에서 확인할 수 있습니다.

무역보험공사의 국가등급은 1, 2, 3, 4, 5, 6, 7등급으로 분류되며 1등급은 주로 OECD 선진국, 2등급은 신용도 우수 국가, 3등급은 신용도 양호, 4등급은 신용도 보통, 5등급은 신용도 다소 미흡, 6등급은 신용도 미흡, 7등급은 신용도 불량으로 보면 큰 무리가 없을 듯합니다. 미국, 한국, 일본 등이 1등급, 중국이 2등급, 인도가 3등급, 베 트남과 브라질 4등급, 카자흐스탄 5등급, 이집트와 나이지리아 6등 급, 러시아, 우크라이나와 아르헨티나가 7등급입니다.

참고로 무디스(Moody's), 스탠다드앤푸어스(S&P), 피치(Fitch) 등 글 로벌 민간 신용평가기관에서도 국채 등 채권등급 평가를 위해서 국 가신용등급을 평가하고 있습니다. 이들 국제신용평가기관의 국가등 급을 참고해도 무방합니다.

국제 신평사의 국가등급(S&P 기준)은 AAA, AA, A, BBB까지가 투자 적격이고, BB 이하인 BB, B, CC 이하가 투자 부적격 등급입니다. 투 자 부적격 등급이라고 해서 투자를 하지 말라는 의미는 아니며 투자 시 위험이 발생할 수 있으니 조심하라는 의미입니다. 우리나라가 부 도가 나서 IMF 구제금융을 받을 당시 등급이 B⁺등급이었으니 B⁺등 급 이하 수입국 거래처와 수출거래 시에는 아무리 신용도가 우량한 바이어라도 극히 조심할 필요가 있습니다.

OECD에서도 중장기 프로젝트의 무역보험료 산정을 위해 국가신용등급을 평가합니다. 0, 1, 2, 3, 4, 5, 6, 7의 8단계로 구분되나 무역보험공사에서는 OECD의 0등급과 1등급을 모두 1등급으로 취급해서 준용해서 쓰고 있습니다. OECD 미평가국에 대해서는 무역보험공사가 자체적으로 등급을 평가하고 있습니다.

K-SURE 해외신용정보센터에서는 국가신용도 이외에 국가신용조사 보고서를 조회할 수 있습니다. 해당국의 정치 상황, 대내외 경제 상황, 투자정보를 담고 있습니다.

무역보험공사와 마찬가지로 공적수출신용기관인 수출입은행의 해외경제연구소에서도 국가신용정보를 제공하고 있으니 참고하시기 바랍니다.

☞ https://keri.koreaexim.go.kr/index

역시 수출지원기관인 KOTRA에서도 KOTRA 해외시장뉴스에서 국가기본 정보, 수출입 정보, 투자, 노무, 세무 정보 등을 조회할 수 있습니다.

☞ https://dream.kotra.or.kr/kotranews/index.do

무역보험공사나 수출입은행 모두 업종별 산업조사보고서도 제공하고 있으니 참고하시기 바랍니다.

⑶ **수입국 국가위험 관리**

바이어 신용도가 우량하더라도 무역보험공사 국가등급 6에서 7등급 국가에 소재한 수입자에 대해서는 수입자 위험 뿐 아니라 수입국 위험(비상위험)을 커버하는 무역보험 가입을 권해드립니다. 전쟁이나 외환 통제로 국가위험이 발생해서 수출대금을 받지 못할 위험도 있기 때문입니다.

우크라이나에서 전쟁이 일어나리라고 상상이라도 한 수출자는 거의 없을 것입니다. 환율이 불안한 튀르키예(터키) 등에서는 언제라도 외환 통제로 비상위험이 발생할 수 있습니다. 중국이 대만을 침공할 가능성도 배제할 수 없습니다. 그러니 미리 대비하는 게 상책입니다.

2
수출계약서 구성 및 유의사항

"공자께서 말씀하시었다. 배우기만 하고 생각하지 않으면 맹목적이 되고,
생각하기만 하고 배우지 않으면 위태롭다."
子曰 學而不思則罔 思而不學則殆

_《논어(論語)》

향후 분쟁이 발생했을 때 판단의 근거가 되는 것이 수출계약서이
므로 수출자에게 불리한 내용이 들어가지 않도록, 가능하면 유리한
내용이 들어갈 수 있도록 수출계약서의 주요항목을 미리 파악해두
는 것이 좋습니다. 특히 중요한 계약에서는 일반적인 계약조건과 더
불어 준거법, 중재와 클레임 관련 조항 등도 포함시키는 것이 바람
직합니다.

수출계약서 형식
수출계약서의 통일된 형식은 없습니다. 정식 수출계약서가 없어
도 양 당사자가 상호합의(서명)한 것이라면 Offer sheet, Purchase
Order, Proforma Invoice, Sales Contract 등도 모두 수출계약서로

인정할 수 있습니다. 그리고 이들 서류와 관련해서 서로 주고받은 이메일 등도 분쟁 발생 시 근거자료로 활용할 수 있으니 잘 보관해둘 필요가 있습니다.

수출계약의 주요 내용을 포함하는 서류들은 다음과 같습니다.

Offer Sheet : 주로 수출자가 수출상품 명세와 거래 조건 등을 상대방에게 제시하며 계약을 체결하고 싶다는 의사표시를 전하는 문서입니다. 때로는 수입자가 작성하기도 합니다.

Purchase Order : 통상 지속적으로 거래를 해오고 있는 수입자가 수출자에게 보내는 구매주문서로, 이 PO에 따라 선적이 이루어집니다.

Proforma Invoice : 수출계약 체결 전에 참고자료로 수출자가 수입자에게 보내는 가격(안)인 견적송장입니다. 수입자 승낙 시 계약서의 효력을 가집니다.

Sales Contract : 수출입자 간 상호합의에 이르러 완성되는 매매계약서입니다. PO 등이 매매계약서를 대신하기도 합니다.

수출계약서 구성

무역계약서의 일반적인 구성은 다음과 같습니다. 무역협회('자문상담' 〉 '서식')나 대한상사중재원('자료' 〉 '표준계약서')의 샘플계약서를 참고하시기 바랍니다.

○ 기본 사항 : 당사자 서명, 계약 확정 문언 등

○ 목적물 관련
  - 품질조건(Terms of Quality) : 품질 기준/검사방법/결정시기
  - 수량조건(Terms of Quantity) : 표시방법, 결정시기
  - 가격조건(Terms of Price) : 물품단가 등
    (예 : Unit Price US $10 / FOB BUSAN KOREA, INCOTERMS 2020)
  - 포장조건(Terms of Packing) : 포장재, 화인(Shipping Mark)

○ 계약이행 관련
  - 선적조건(Terms of Shipment) : 선적시기/방법, 선적항/도착항
  - 결제조건(Terms of Payment) : 대금지급 방법/시기
  - 보험조건(Terms of Insurance) : 정형거래조건과 부보비율 등

○ 계약불이행 관련
  - 불가항력 조항(Force Majeure) : 천재지변 등
  - 클레임 조항(Claim Clause) : 제기 기한 및 방법
  - 중재조항(Arbitration Clause) : 분쟁 중재로 해결하려면 포함

○ 정형거래조건 등

 - 정형거래조건(Trade Terms) : FOB, CIF 등 11가지 거래조건

 - 준거법 및 재판관할

　수출계약의 주요 항목 중 하나는 수출가격입니다. 수출가격 산정 시에는 생산원가(제조원가 또는 구매원가, 포장비 및 검사비용 포함), 물류비용(운송비, 보험료, 창고료, 부두사용료 등), 금융비용(이자, 금융수수료 등), 행정비용(통관비, 허가비용), 수출이익 등을 고려해야 합니다.

　수출계약서에 클레임 제기 사유 및 제기 기간 등을 명시할 필요가 있습니다. 일반적으로는 수입자는 제품 하자 또는 선적 지연 등의 사유로 클레임을 제기합니다. 클레임 중에서도 제품 하자로 인한 클레임은 합의 처리가 쉽지 않습니다. 그러니 품질 이슈가 제기될 수 있는 물품에 대해서는 미리 상호 합의된 기관에서 합의된 방법으로 품질검사를 시행하고 선적하는 것이 바람직합니다. 그럼에도 클레임이 발생한 경우에는 최대한 신속하게 대응해서 설득력 있는 답변을 하거나 하자에 대한 처리를 하는 것이 좋습니다.

　클레임은 이렇게 당사자 간 합의에 의해서 처리하는 것이 최선입니다. 당사자 간 해결이 여의치 않은 경우에는 제3자를 조정위원으로 선임하여 조정인이 제시하는 조정안에 당사자가 합의하여 분쟁을 해결하는 '조정'을 거치거나, 중재인을 선정하여 '중재판정'에 따라 분쟁을 해결하게 됩니다.

3
수출거래 시 유의사항

"오직 모든 일들은 준비가 되어 있어야 하는 법이니,
준비가 되어 있으면 걱정이 없을 것이다."

惟事事 乃其有備 有備無患

_《춘추좌씨전(春秋左氏傳)》

앞서 수출계약 체결 시 유의사항을 살펴보았습니다. 그 밖의 유의
사항을 소개해드리겠습니다.

수출계약 전 유의사항

수출계약 전 유의사항으로는 바이어 신용도가 양호한 진성바이어
인지, 수출입 관련한 규제와 수입국에서 요구하는 인증 등에 대한 확
인이 필요합니다.

최근 명의도용 무역사기가 급증하고 있습니다. 그래서 수출계약
전 수입자 신용도와 진성바이어인지의 여부는 면밀히 살펴봐야 합
니다.

우리나라에서의 수출 규제, 수입국에서의 수입 규제, 미국이나 유

럽 등의 경제제재나 무역 규제 조치, 해당 상품에 대해서 수입국에서 요구하는 인증 등은 관련 정보를 미리 파악해서 대처해야 합니다.

인증 관련해서는 산업통상자원부 해외인증지원단과 KOTRA를 활용하면 됩니다. 수입국에 따라서 FTA도 활용할 필요가 있습니다. 수입국의 규제와 FTA 관련해서는 무역협회와 KOTRA를 활용하면 됩니다. 원재료를 수입해서 조달하거나 국내에서 조달하는 경우 관세환급에 대해서 미리 파악해서 원산지증명서 등 관세환급 시 필요서류를 준비해야 합니다.

수출계약 시 유의사항

수출계약 시 유의사항은 먼저 물품조달 원가 뿐 아니라 운송비, 금융비용, 관세 등을 감안해서 수출가격을 산정해야 합니다. 가격조건과 결제조건은 최대한 유리한 방향으로 협상하고 그 내용을 계약서에 잘 반영해야 합니다.

신용장조건인 경우는 신용장 문구가 국제적 표준에 맞고 해당 거래건과 일치되는지 검토해야 합니다. 신용장조건은 수출자가 아무리 수출계약을 잘 이행해도 선적서류 등이 신용장 문언과 다르면 지급거절될 수 있기에 꼼꼼히 챙겨봐야 합니다. 결제조건은 수출자에게 유리하게 이끌어가야 합니다.

분쟁 시 중재조항도 수출자에게 불리하지 않게 들어가야 합니다. 그렇지만 규모가 작은 소액거래에서는 정식 계약서 없이 Offer Sheet

(수출자 청약), Purchase Order(수입자 청약) 또는 Proforma Invoic(견적 송장, 수출자 발행) 등으로 계약서를 갈음하는 경우가 많습니다. 통상은 청약에 대해 여러 번 수정 의견이 개진한 후 최종 서명을 하게 됩니다. 향후 분쟁 시를 대비해서 수입자와 주고받은 서류, 이메일 등을 꼼꼼하게 챙겨두어야 합니다.

수출 후 유의사항

물품을 조달하고 수출을 진행하기 위해서는 물품이 위치한 곳의 세관에 수출신고를 해야 합니다. 이때는 수출물품에 대해서 정확히 신고해야 관세법 위반으로 처벌받지 않습니다. 수출신고 후 30일 이내(최대 1년까지 연장 가능)에는 적재이행등록을 해야 합니다.

관세법에 따라 수출 관련서류는 3년간, 수입관련서류 및 FTA 원산지 관련서류는 5년간 보관해야 합니다. 관세환급을 받기 위해서는 원재료를 수입한 날로부터 2년 내 수출해야 하고, 수출 등에 제공된 날로부터 5년 내 관세환급을 신청해야 합니다.

有備無患(유비무환), 모쪼록 지금까지 소개해드린 유의사항들을 잘 참고하셔서 수출하고 나서 낭패보는 일이 없도록 하시기 바랍니다.

4
무역사기 예방

"제 아무리 튼튼한 제방도 개미 구멍에 무너져버릴 수 있다."
千丈之地堤以螻蟻之穴而潰

_《한비자(韓非子)》

힘들여 수출을 하고도 상대방에게 사기를 당해 손해를 보는 일이 발생해서는 안 됩니다. 그럼에도 해마다 무역사기는 발생하고 있습니다. 무역사기는 당사자나 제3자가 상대방을 속여서 수출물품 또는 수출대금을 가로채거나 기타 금전을 편취하는 범죄입니다.

사기 유형은 제3자의 수입자 명의 도용, 수입자가 물건 수령 후 결제 거부, 계약 추진에 필요하다며 금품 편취, 거액의 오더를 약속하며 샘플 또는 금품 편취, 제3자의 수출입자 이메일 해킹 사기, 구매대금납부 서류 위조 등 다양합니다. 최근에는 명의 도용 사기나 해킹 사기가 빈번하게 발생하고 있습니다.

무역사기 예방

다음의 주요 내용은 무역협회의 '무역사기 방지 매뉴얼', 무역보험 공사의 '해킹 사기 피해 주의 안내(2023.6.22.)' 및 '명의도용 및 이메일 해킹 무역사기 예방에 관한 연구(무역금융보험연구, 2022.2.25., 김경철)' 등을 참고하여 작성하였습니다. 다만 다음의 징후가 모두 무역사기는 아닙니다. 정상적인 거래에서도 초기 선수금 조건 제시 후 외상거래를 요청하거나 사정을 설명하며 대금지급 연기를 요청하는 경우가 있기 때문입니다. 이러한 요청에 대해서는 경각심을 가지고 진의를 파악해볼 필요가 있습니다.

▪ **무역사기 징후**

- 선적을 재촉하는 등 바이어가 거래를 서두르거나, 견적을 주면 단가 인하 등 요구 없이 바로 주문을 하겠다고 하거나, 제품 스펙을 무시하고 대량 오더
- 선수금 송금조건 등 제시하며 무상 대량 샘플 요구
- 소액 선수금 결제 후 대량의 2차 오더는 사후송금방식 요청
- 상대 바이어가 전화나 기타 연락을 기피하거나, 선적후 연락 두절
- 시장 사정 등 여러 가지 장황한 설명으로 대금지급 연기 시도
- 상품 도착 후 사소한 하자를 트집 잡아 대금지급을 기피하거나, 대금지급 연기 시도

대표적인 무역사기인 명의도용의 특징은 다음과 같습니다.

명의도용 무역사기 특징

무역절차	구분	특징
최초 단계	1	신규 수입자가 이메일 통해 주문
	2	선진국 우량기업이나 정부 구매담당자라 주장
	3	수입자 담당자 이메일 도메인이 회사 것과 상이
	4	수입자가 알려준 홈페이지가 조잡
	5	현지 등기소, 법원 등에 등록된 연락처를 알려주지 않음
주문상담	6	수입자 주문서상 로고와 홈페이지 내용 불일치
	7	수입자 주업종과 상이한 물품 주문
결제조건 협의	8	첫 거래부터 선수금이나 신용장이 아닌 외상거래 고집하며 무역보험 가입 권유
물품 선적	9	수입자 소재국과 물품 도착국 상이
	10	선적서류상 바이어와 실제 물품 수취인 상이

※ 출처 : '명의도용 및 이메일 해킹 무역사기 예방에 관한 연구' 무역금융보험연구, 2022.2.25., 한국무역보험공사 김경철

무역사기를 방지하기 위해 거래하기 전 수입자 연락처, 소재지 등 바이어 정보를 정확히 파악해야 합니다. 그래서 바이어를 발굴했다면 먼저 KOTRA 해외무역관에 확인해보든지 무역보험공사 수입자 신용조사를 통해서 상세한 바이어 정보를 파악할 필요가 있습니다. 다만 무역보험공사 등 신용조사가 바이어 진위 여부를 확인하는 장치는 아니라는 점을 명심할 필요가 있습니다.

신용조사 보고서상의 바이어 정보와 실거래상 바이어 정보를 세심하게 살펴볼 필요가 있습니다. 유사상호도 유의해야 합니다. 사기꾼이 상호명을 수출자 또는 수입자와 비슷하게 만들어서 거래상대방이 혼동하게 할 수 있습니다.

또한 바이어가 지나치게 서두르거나 별다른 협상 없이 거액의 오더를 내는 경우에는 경계심을 가져야 합니다. 수출계약서 등에 무역 관련 계좌정보 변경은 절대 하지 않는 것으로 하되 불가피한 경우에는 이메일이 아닌 신뢰할 만한 방법으로 통지하도록 명시할 필요가 있습니다.

무역보험에 가입했더라도 제3자가 수입자 명의를 도용하여 수출품을 가로챈 경우, 수입자 귀책이 아니기에 보험사고 시 보상이 되지 않으니 주의가 필요합니다. 제3자가 이메일을 해킹해서 수입자가 대금을 수출자 계좌가 아닌 제3자 계좌로 송금한 경우는 수입자 과실 여부를 따져서 보상여부가 결정될 것이나, 수출자는 상당기간 불확실성에 노출될 수 있으니 이메일 해킹은 예방이 필요합니다.

이메일 해킹을 통한 무역대금 사기 예방

해킹사기란 제3자(해커)가 수출입자의 이메일을 직접 해킹하거나 수출자를 사칭한 위·변조 이메일 계정을 통해 수입자에게 제3의 입금계좌를 안내하여 결제대금을 편취하는 수법의 무역사기를 의미합니다. 최근 국내외 무역업체의 이메일을 해킹하고 거래자로 위장해서 거래상대방으로 하여금 해커가 개설한 임시계좌로 수출입 대금을 송금토록 하는 무역사기 사건이 다수 발생하고 있습니다.

■ **해킹 사례 예시**

• 수출자는 기존에 거래하던 수입자 앞 물건을 선적

• 해커가 수출자로 위장하여 기존 결제계좌 이용 불가를 사유로 타 국가 소재 은행계좌로 대금을 송금할 것을 수입자에게 요청

  ※ 해커는 수출자와 동일하거나 유사한 이메일 주소 사용

  예 : @abcglobal.com(정상) 대신 @abcglobaal.com(위변조) 사용해

  수입자의 착오 유도

  ※ 수출자가 평소 사용하는 서류 양식 및 문구 도용

• 수입자는 수출자앞 유선, 국제우편 등 별도 확인 없이 해커 앞 송금

■ **해킹 예방 조치**

• 회사 메일서버의 자체 시스템 보안 강화

• 거래업체와 결제 전 계좌번호 재확인 및 주기적인 이메일 확인

• 이메일 계정 및 B2B 사이트의 비밀번호 요건 강화 및 비밀번호 수시 변경

• 단일계정 또는 공용계정의 여러 사람 사용 금지

• 계약서 또는 이메일에 '당사는 이메일을 통해 결제계좌 변경을

요청하지 않는다' 등 주의 문구 및 '부득이하게 계좌 변경 시 팩스나 유선 전화로 상호 추가 확인한다'는 원칙 명시

ex : K Corporation's bank account has not been changed and is not planning to change in the future.

- PC에 최신 백신 프로그램 사용
- 해외 IP 로그인 차단 기능 사용 및 새로운 로그인 알림 받기 설정
- 확인되지 않은 첨부파일 다운로드 및 클릭 금지
- KOTRA 제공 '바이어연락처 확인서비스' 활용

  ☞ www.kotra.or.kr → 사업신청하기 → 해외시장조사

■ **해킹 사기건 사후대처**

- 경찰청 사이버범죄신고시스템(https://ecrm.police.go.kr/minwon/main) 신고 또는 관할 경찰서 직접 방문해서 신고
- 거래 외국환은행에 즉시 신고 및 지급정지 요청
- 무역협회 콜센터(1566-5114)로 이메일 해킹 문의 접수
- 무역협회에 해킹 PC에 대한 원격지원(PC접속)을 통한 사용자 PC 점검 요청

아무리 든든한 제방도 작은 구멍 하나로 무너져내릴 수 있습니다. 무역사기에 당하지 않도록 각별한 주의가 필요합니다.

5
수출입 규제

"만일 빵이 부족하고 세상이 춥다면 그것은 비의 잘못이 아니라
사람들이 너무 작은 심장을 가졌기 때문이지."

_장 루슬로(Jang Rousslow)

우리나라는 수출입국을 지향해서 각종 지원제도를 통해 수출을 적극적으로 장려하고 있습니다. 그럼에도 국익을 위해서 특정한 수출입 품목에 대해서는 통제를 하고 있습니다. 수출입 품목에 대한 통제는 크게 ① 대외무역법에 따른 '수출입공고'에 의한 통제, ② 기타 법령에 따른 '통합공고'에 의한 통제, ③ 국가안보 등의 필요에 따른 '전략물자수출입고시'에 의한 통제, ④ 관세법에 따른 통제로 분류합니다.

수출입 거래 추진 시에는 미리 세관공무원이나 관세사 등을 통해 물품의 HS코드를 확인하고 무역규제 대상 품목인지 점검해보아야 합니다. 무역규제에 해당되는지 사전 체크하지 않고 선적하다 적재지검사나 선적지검사에서 선적 불가 판정이 나면 난처한 일입니다.

특히나 국가안보와 관련된 전략물자수출입고시에 의한 통제 대상이 되는지는 미리 파악해둘 필요가 있습니다. 반도체, IC칩, PC, 스마트폰, 노트북, 기계류, 각종 소재 등은 이중용도품목으로 지정될 수도 있기에 전략물자 수출입고시를 면밀히 살펴보고 전략물자에 해당하는 지가 불분명한 경우에는 전략물자관리시스템(www.yestrade.go.kr)에서 전략물자 해당 여부를 판정(자가판정, 전문판정)받은 후 수출을 진행하는 것이 바람직합니다.

수출입공고에 의한 통제

수출입공고는 품목별로 수출입 '금지' 또는 '제한품목'으로 구분하고 있습니다. 수출입공고상 수출입 금지 품목은 무역거래를 할 수 없고, 제한품목은 해당 수출입승인기관으로부터 수출승인 또는 수입승인을 득한 후에 거래할 수 있습니다. 고래고기, 자연석, 개 모피 등이 금지 대상이며 규사, 자갈, 쇄석, 대리석 등의 수출거래가 제한 대상입니다.

통합공고에 의한 통제

통합공고는 대외무역법 이외의 다른 여러 법령에 산재되어 있는 물품의 수출입요건 및 절차 등에 관한 사항을 산업통상자원부 장관이 하나로 합쳐서 하는 공고를 말합니다. 국민보건 및 공중 도덕 등과 관련된 품목이 대부분입니다.

전략물자수출입고시에 의한 통제

전략물자는 국제평화, 안전유지, 국가안보 등을 위해서 필요하다고 산업통상자원부 장관이 별도로 지정한 물품을 말합니다. 대량파괴무기, 핵과 화학무기 관련 품목 및 기술 등이 대상입니다.

관세법에 의한 통제

관세법 제234조 및 제235조에 의한 수출입 통제를 말합니다. 공공의 안녕질서나 풍속을 해치거나 국가 기밀 누설, 유가증권 위변조, 지식재산권 침해 등에 해당하는 물품이 대상입니다.

6
수입국 인증제도

"너만의 꽃을 피워라.
남의 시선에 사로잡힌 노예가 되지 말라."

_프리드리히 니체(Friedrich Nietzsche)

한국에서 해외로 수출할 때 일부 품목에 대해 수출 규제가 있듯이 수입국에도 일부 품목에 대해서는 다양한 인증제도를 운영해오고 있습니다. 따라서 수출거래 추진 시에는 국내 수출 규제 뿐 아니라 해외의 수입인증제도를 함께 검토해야 합니다.

KOTRA 해외무역관이나 국가기술표준원 등을 통해서 수입국 인증정보를 수집하고, 수입국의 국가별 인증제도를 파악해둘 필요가 있습니다. 주로 전기, 식품, 화장품 등에서 안전, 규격, 환경과 관련된 인증제도가 많습니다.

수입국에서 인증대상인지의 여부는 다음의 사이트에서 확인해보시기 바랍니다.

- 무역협회(KITA)의 www.tradenavi.or.kr 〉 무역규제 〉 해외수입요건 〉 국가선택 〉 '명칭' 또는 'HS코드'로 검색해서 조회
- 한국산업기술시험원(KTL)의 해외인증정보시스템(www.certinfo.kr) 〉 '국가별인증정보' 또는 '인증마크별 인증정보' 조회

해외규격인증획득 관련 뉴스는 다음의 사이트를 참고하시기 바랍니다.

- https://dream.kotra.or.kr 〉 해외수출 〉 수출기반 준비 〉 인증정보 〉 해외인증에서 검색

해외규격인증획득 지원사업 관련해서는 다음의 사이트를 참고하시기 바랍니다. 2024년 기준으로, 기업당 최대 1억 원 한도로 인증획득 소요비용의 50~70%를 지원하고 있습니다.

- 해외규격인증획득지원센터
  ☞ www.smes.go.kr

7

FTA 활용

"나는 배웠다. 삶은 무슨 사건이 일어나는가에 달린 것이 아니라,
일어난 사건에 어떻게 대처하는가에 달린 것임을."

_샤를르 드 푸코(Charles-Eugene Foucauld)

자유무역협정(FTA)은 협정을 체결한 국가 간에 상품과 서비스 교역에 대한 관세 및 무역장벽을 철폐함으로써 배타적인 무역특혜를 서로 부여하는 협정입니다.

2023년말 기준으로 발효된 FTA는 21개(59개국)입니다. 발효된 FTA는 칠레, 싱가포르, EFTA(4개국), 아세안(10개국), 인도, EU(27개국), 페루, 미국, 튀르키예, 호주, 캐나다, 중국, 뉴질랜드, 베트남, 콜롬비아, 중미(5개국), 영국, RCEP(역내포괄적경제동반자협정, 한국 제외 14개국 : 한국, 아세안 10개국, 중국, 일본, 호주, 뉴질랜드), 이스라엘, 캄보디아, 인도네시아 등입니다. 필리핀, 에콰도르와는 2023년말 기준으로 FTA 협정을 체결했으나 아직 발효되지 않았습니다. MERCO(메르코수르) 등 9건이 협상 중입니다.

FTA의 활용

FTA를 활용해서 원가를 절감하기 위해서는 선적전에 원산지증명서(C/O)를 기관 발급(상공회의소 또는 관세청 유니패스 통해서), 또는 자율발급(수출자 또는 생산자가 직접 작성 및 발급)해서 바이어에게 제공해야 합니다. FTA에 따라서 C/O발급 방식은 자율 또는 기관 발급으로 구분됩니다.

■ 원산지인증수출자제도

FTA 체결국으로 수출 시에는 원산지인증수출자제도를 활용할 필요가 있습니다. 원산지인증수출자제도란 관세 당국이 원산지증명 능력이 있다고 인증한 수출자에게 원산지증명서 발급 절차 간소화 혜택을 부여하는 제도로, 인증수출자 자격을 취득하면 기업이 원산지증명서를 자율적으로 발급할 수 있게 됩니다.

인증수출자의 종류는 '업체별 원산지인증수출자'와 '품목별 원산지인증수출자'가 있습니다.

- **업체별 원산지인증수출자** : 모든 협정과 모든 품목에 적용되며, 인증 유효기간은 5년
- **품목별 원산지인증수출자** : 인증받은 협정별, HS코드 6단위별 적용 가능하며, 인증 유효기간은 5년

RCEP는 회원국 간 원산지 누적기준을 허용합니다. 따라서 수출기업은 RCEP 15개 역내 국가에서 원재료를 조달해 한국에서 최종상품을 생산해 RCEP 회원국에 수출할 경우에는 관세 특혜를 적용받을 수 있습니다.

FTA 문의

FTA에 대한 문의는 다음의 관세청 YES FTA 포털이나 무역협회의 OK FTA를 이용하시기 바랍니다.

- 관세청 YES FTA 포털
  ☞ https://www.customs.go.kr/ftaportalkor/main.do

- 무역협회 FTA 종합지원센터 OK FTA
  ☞ https://okfta.kita.net/main

8
챗GPT 활용

―

"신이여, 저에게 바꿀 수 없는 것들을 받아들이는 평온과
바꿀 수 있는 것들을 바꿀 용기와 그 차이를 알 수 있는 지혜를 주소서."

_라인홀드 니부어(Reinhold Niebuhr)

무역거래를 하기 위해서는 상대방과 이메일, 서신, SNS 등으로 거래제안이나 거래조건 협상을 해야 합니다. 최근 각광을 받고 있는 ChatGPT(챗GPT)가 무역영어에서도 요긴하게 활용될 수 있습니다. 제가 챗GPT를 사용해서 작성한 몇 가지 수출거래 이메일 샘플을 소개해드립니다.

거래제안

다음과 같이 챗GPT에 거래제안 이메일 샘플을 요구합니다. 질의를 먼저 한글로 작성한 후 구글번역기 등(최근 삼성 갤럭시폰은 AI 번역 기능 활용)에서 영어로 바꾼 후 질의하는 것이 좋습니다.

거래제안의 목적은 수입자가 물건을 사게 만드는 것입니다. 먼저

수입자를 알게 된 경위를 설명하고, 자신과 제품에 대해서 개략적
으로 소개한 후, 거래 시의 이점을 부각시켜서 거래를 제안합니다.

■ 챗GPT에 질의

한국 공기업 KOTRA의 소개로 알게 된 미국의 잠재 바이어에게 한
국의 의류 수출거래를 제안하는 이메일을 보내려고 합니다. 이메일
초안을 작성해주세요.

I would like to send an email to a potential American buyer
whom I met through the Korean public enterprise KOTRA,
proposing an export transaction for Korean clothing. Please draft
your email.

■ 챗GPT의 이메일 초안

Subject : Proposal for Korean Clothing Export Transaction

Dear [Buyer's Name],

I hope this email finds you well. My name is [Your Name], and
we had the pleasure of meeting through KOTRA during [mention
the event/date]. I am reaching out to discuss a potential business

opportunity regarding the export of high-quality Korean clothing.

Having observed your interest in [specific details from your meeting], I believe there is a great synergy between your requirements and the exceptional clothing products we offer. Our company, [Your Company Name], is dedicated to providing [brief description of your products, such as quality, design, and any unique selling points].

I have attached a detailed proposal outlining the terms of the potential export transaction, including product catalogs, pricing, and terms of delivery. Additionally, we are open to scheduling a virtual meeting to further discuss any specific requirements you may have or to address any questions you might need clarification on.

I am confident that our collaboration can bring mutual benefits, and I look forward to the opportunity to work together. Please feel free to reach out at your earliest convenience to discuss this further.

Thank you for considering this proposal, and I appreciate your time and attention to this matter.

Best regards,

[Your Full Name]

[Your Position]

[Your Company Name]

[Your Contact Information]

수출상품 소개

수출상품은 구체적으로 소개합니다. 제품의 특징과 핵심 경쟁력, 가격 메리트 등을 포함하는 것이 좋습니다.

■ **챗GPT에 질의**

내 회사의 의류 수출거래에 대해서 미국의 바이어가 관심을 보여서 구체적으로 우리 상품을 소개하는 이메일을 보내고 싶습니다. 상품은 남성 성인용 동계 티셔츠입니다. 이메일 초안 작성 부탁드립니다.

An American buyer has shown interest in my company's clothing export business, so I would like to send an email introducing our products in detail. The product is a men's adult winter t-shirt. Please draft your email.

▪ 챗GPT의 이메일 초안

Subject : Introduction to Premium Men's Winter T-Shirts

Dear [Buyer's Name],

I trust this message finds you well. My name is [Your Name], and I represent [Your Company Name]. I am reaching out to express our gratitude for your interest in our clothing export business, particularly our men's adult winter t-shirts.

Our winter t-shirts are crafted with meticulous attention to detail, blending comfort and style seamlessly. These t-shirts are designed to withstand colder temperatures while ensuring a fashionable and contemporary look. Key features of our winter t-shirts include [highlight specific features such as fabric quality, insulation, and design elements].

To provide you with a comprehensive overview, I have attached our men's winter t-shirt catalog, showcasing our latest collection. Additionally, detailed information on pricing, minimum order quantities, and delivery terms are included for your convenience.

We understand the importance of finding the perfect balance between quality and affordability, and we believe our products align with your requirements. Should you have any questions or require further clarification, please do not hesitate to reach out. We are also open to scheduling a virtual presentation or discussion at your convenience.

Thank you for considering [Your Company Name] as your clothing supplier. We look forward to the possibility of collaborating with you and meeting your specific needs.

Best regards,

[Your Full Name]

[Your Position]

[Your Company Name]

[Your Contact Information]

수출거래 조건 제안

상품거래 조건 제안을 위해서는 상품의 수량과 가격, 결제조건, 선적기한 등을 명시해서 거래를 제안합니다.

■ 챗GPT에 질의

우리 회사의 수출거래 제안에 미국의 잠재 바이어가 긍정적인 반응을 보여서 아래의 내용으로 수출거래 조건을 제안하고 싶습니다.

- 상품 : 성인 남성 동계 티셔츠(상품명)
- 수량 : 10,000벌
- 가격 : 한 벌당 100달러
- 결제조건 : T/T 45 days after shipment
- 선적기한 : 계약 체결일로부터 30일 이내

이메일 작성 부탁합니다.

Potential buyers in the U.S. have responded positively to my Korean company's export transaction proposal, so I would like to propose export transaction terms as follows.

- Product : Adult men's winter t-shirt(product name)
- Quantity : 10,000 pieces
- Price : $100 per set
- Payment terms : T/T 45 days after shipment
- Shipment deadline : Within 30 days from the date of contract conclusion

Please write an email.

Subject : Proposal for Export Transaction - Adult Men's Winter T-Shirts

Dear [Buyer's Name],

I trust this message finds you well. We are delighted by your positive response to our export transaction proposal for our adult men's winter t-shirts. It is our pleasure to present the following terms for your consideration:

- Product : Adult Men's Winter T-Shirt(Product Name)
- Quantity : 10,000 pieces
- Price : $100 per set
- Payment Terms : T/T 45 days after shipment
- Shipment Deadline : Within 30 days from the date of contract conclusion

We believe these terms reflect a fair and mutually beneficial agreement, considering the high-quality nature of our products. Attached, please find a detailed contract outlining the specifications, terms, and conditions for your review.

Should you have any questions or require further adjustments to better align with your preferences, we are open to discussion. Our priority is to ensure a seamless and satisfactory partnership.

We look forward to the opportunity of working together and anticipate a successful collaboration. Thank you for considering [Your Company Name] as your trusted supplier.

Best regards,

[Your Full Name]
[Your Position]
[Your Company Name]
[Your Contact Information]

거래 종결 후 감사 인사

거래 종결 후에는 거래가 잘 마무리되어서 감사하다는 인사를 합니다. 거래가 어떤 점에서 도움이 되었는지를 설명하고, 같은 제품이나 계획하고 있는 다른 제품으로 추가 거래를 하고 싶다는 의사를 전합니다.

■ 챗GPT에 질의

첫 수출거래가 잘 종결되어 감사하다는 이메일을 미국 수입자에게 보내고 싶습니다. 또한 앞으로도 거래를 지속하고 싶다는 의향도 전하고 싶습니다. 이메일 초안 부탁합니다.

I would like to send an email to the US importer thanking him for successfully completing his first export transaction. I would also like to express my intention to continue doing business with you in the future. Please send me a draft email.

▪ 챗GPT의 이메일 초안

Subject : Appreciation for Successful Completion of First Export Transaction

Dear [Importer's Name],

I trust this message finds you well. I am writing to extend my heartfelt gratitude for the successful completion of our first export transaction. It has been a pleasure working with you, and I appreciate your commitment to a smooth and efficient collaboration.

Your trust in [Your Company Name] is invaluable, and we are delighted that the initial transaction met your expectations. This successful venture reinforces our commitment to providing high-quality products and reliable service.

I want to express our intention to nurture this positive business relationship and continue our collaboration in the future. We are dedicated to maintaining the standards of excellence that you have experienced with us.

If there are any aspects of our partnership that you would like to discuss or improve upon, please feel free to share your feedback. We are here to ensure your satisfaction and explore opportunities for further growth together.

Once again, thank you for choosing [Your Company Name]. We look forward to many more successful transactions in the future.

Best regards,

[Your Full Name]
[Your Position]
[Your Company Name]
[Your Contact Information]

수입자 앞 대금결제 촉구

만기가 지나도록 돈이 안 들어오면 초기에는 이메일로 완곡하게 상환 요청을 하는 것이 좋습니다. 미수금에 대해서는 초기에 집중적으로 회수노력을 해야 효과가 클 수 있습니다. 가급적 이메일을 주고받으며 상환스케줄까지 받아두는 것이 좋습니다.

▪ 챗GPT에 질의

미국 바이어에게 물건을 수출했는데 결제만기가 지나고 30일이 되도록 판매대금이 입금되지 않고 있습니다. 정중하게 결제를 요청하는 이메일을 보내고 싶습니다. 이메일 초안 부탁합니다.

I exported a product to a US buyer, but the sales price has not been deposited even 30 days after the payment due date. I would like to send you an email politely requesting payment. Please send me a draft email.

▪ 챗GPT의 이메일 초안

Subject : Polite Payment Reminder for Outstanding Invoice

Dear [Buyers Name],

I trust this message finds you well. I appreciate our recent transaction and hope that the product we supplied has met your expectations.

I have noticed that the payment for the exported product, due on [due date], has not been deposited as of today, which is 30 days past the due date. I understand that unforeseen circumstances may arise, and I want to assure you that we are here to assist in any way possible.

However, to ensure the smooth continuation of our business relationship and to maintain our financial commitments, I kindly request your prompt attention to this matter. If there are any concerns or issues regarding the payment, please let us know so that we can address them promptly.

I am confident that we can resolve any challenges and continue our positive collaboration. Thank you for your understanding and cooperation.

Looking forward to your prompt response.

Best regards,

[Your Full Name]
[Your Position]

[Your Company Name]

[Your Contact Information]

이상으로 수출거래와 관련된 샘플 이메일 소개를 마칩니다.

챗GPT, 너무나 훌륭합니다. 영어에 부담을 느끼는 초보수출기업에 꽤나 유용할 듯합니다.

9

전문무역상사 활용

"화기치상(和氣致祥), 서로 힘을 합하면 상서로운 기운이 생겨난다."

_《한서(漢書)》

초보수출기업은 수출경험이 없거나 적기 때문에 수출 한 건을 추진하는 데 지나치게 많은 비용과 시간, 노력이 소요될 수 있습니다. 또 많은 리스크에 노출될 수도 있습니다. 이때 초보수출기업은 수출을 대행해주는 전문무역상사를 활용하면 도움이 될 수 있습니다.

정부는 수출에 어려움을 겪고 있는 내수기업 또는 초보수출기업 등의 수출 지원을 위해서 2014년부터 전문무역상사제도를 도입해서 수출대행을 하도록 하였습니다. 전문무역상사로 지정되면 3년간 자격이 유지되며, 3년 경과 시에는 조건 충족 시 재지정될 수 있습니다.

전문무역상사 지정요건

- 전년도 또는 최근 3년 평균 수출 1백만 달러 이상이며, 타 중소·중견 수출비중이 20% 이상인 기업
- 대기업 무역상사, 유통전문기업, 전자상거래, 해외조달, 재외동포기업 등

전문무역상사제도는 기존의 종합무역상사제도 폐지 이후 무역협회에서 민간지정 형태로 운영해오다 2014년 7월부터 대외무역법 및 동 시행령에 법제화되어 운영되고 있습니다. 2023년 말 기준 약 400여 개사가 전문무역상사로 활동 중이며 2022년 대행수출금액은 55억 달러입니다.

전문무역상사 혜택

전문무역상사는 다음의 혜택이 주어지고 있습니다.
- KOTRA 수출 바우처 수행기관 선정 가점, 무보 단기수출보험 보험료 할인, KOTRA 해외전시회 선정 가점, KOTRA 지사화 사업 선정 가점, 무보 수출신용보증 한도 우대, 대행수출 물류비 지원 등

전문무역상사 활용 방법

내수기업·수출초보기업은 무역협회의 다음 사이트에서 관련 업

종의 전문무역상사를 선택한 후 매칭 신청을 할 수 있습니다.

☞ http://ctc.kita.net

　초창기 전문무역상사를 통해서 해외진출을 모색하는 것도 하나의 선택지가 될 수 있을 것입니다. 서로 힘을 합하면 상서로운 기운이 생겨납니다. 다만 초보수출기업이라도 바이어와 상호 긴밀한 관계를 유지하는 것이 중요한 경우에는 전문무역상사를 거치는 것보다 직접 거래하는 것이 나을 수도 있습니다. 또한 초보 단계를 벗어나서 수출에 자신감이 생겼다면 점진적으로 직접 수출거래를 늘려가는 것이 바람직할 것입니다.

4장

수출자금의
조달

•

"'살아 있다'의 정의는 무엇인가? 바로 '성장한다'는 것이다.

그렇다. 살아 있는 모든 것은 성장한다.

바닷속 산호를 떠올려보라.

산호가 성장과 변화를 멈추면 죽어 있는 돌일 뿐이다."

_보도 섀퍼(Bodo Schafer), 《머니파워》

1
수출자금 조달과 무역금융

"파리가 천리마 꼬리를 잡으면 천리를 간다."
蒼蠅附驥尾而致千里

_사마정(司馬貞), 〈색은(索隱)〉

초보수출자들이 겪는 애로사항 중 가장 큰 비중을 차지하는 것이 바이어 발굴과 자금 조달이라고 합니다. 앞에서 바이어 발굴을 설명 드렸으니 이곳에서는 자금 조달을 설명드립니다.

1) 수출이행자금의 조달

초보수출자가 수출을 하기 위해서는 원자재 구매나 수출물품을 생산 또는 구매하기 위한 자금이 소요됩니다. 이를 '선적전 금융'이라 하고 한국은행의 금융중개지원대출 중 무역금융 프로그램, 수출입은행자금(수출이행자금, 수출성장자금/8장에서 설명), 중소벤처기업진흥공단자금(신시장진출지원자금 중 '내수기업의 수출기업화' 자금과 '수출기업의 글로벌 기업화' 자금), 무역협회의 무역진흥자금(최대 3억 원, 고정금리 2.5~3.0%) 등

이 이에 해당합니다. 초보수출기업이 이 자금을 쉽게 받을 수 있도록
신용보증기금/기술보증기금, 무역보험공사 등이 보증서를 발급해서
수출자의 신용을 보강해줍니다.

2) 무역금융

무역금융은 한국은행의 무역금융지원 프로그램으로, 상대적으로
낮은 금리로 수출기업에 제공하는 정책금융입니다.

▪ 무역금융

○무역금융 개요

중소기업기본법상 중소기업이 수출물품을 조달하는 데 소요되는
자금은 한국은행 무역금융지원 프로그램 운용세칙 및 운용절차에
따라 한국은행의 금융중개지원대출관련 원화대출로 지원받을 수 있
습니다. 금융중개지원대출제도(중소기업금융지원제도)는 한국은행이 은
행에 공급하는 대출의 총 한도를 미리 정하고 일정 기준에 따라 은
행별로 한도를 배정하는 방식으로 운용됩니다.

금융중개지원대출 중 무역금융지원 프로그램은 물품 및 용역의
수출을 촉진하기 위해 도입되었으며 수출자와 수출용 원자재 및 완
제품 공급업자를 융자대상으로 하여 수출품 및 수출용 원자재 제조
에 필요한 자금을 대출한 은행의 취급실적을 감안하여 은행별로 한
도를 배정합니다.

무역금융의 금리는 일반 대출자금에 비해서 다소 우대해서 적용되고 있습니다.

○무역금융 융자대상자
  - 수출신용장 또는 지급인도(D/P)와 인수인도(D/A) 조건 및 그 밖의 수출관련계약서에 따라 물품(대외무역법에서 정하는 전자적 형태의 무체물 포함), 건설 및 용역을 수출하거나 국내 공급하려는 자
  - 내국신용장 또는 외화획득용원료·물품 등 구매확인서로 수출용 완제품 또는 원자재를 공급하려는 자
  - 위의 방법으로 수출 또는 공급을 한 실적이 있는 자로서 수출실적을 기준으로 융자를 받으려는 자
  - 기타

단, 수출거래 중 중계무역방식에 따른 수출은 무역금융 융자대상에서 제외됩니다.

○무역금융의 종류
수출물품은 완제품 구매, 원자재를 국내에서 조달해서 자가생산, 원자재를 해외에서 수입해 자가생산하여 조달하게 됩니다. 이때 필요한 자금을 금융기관은 '완제품구매자금', '생산자금', '원자재수입자금(원자재구매자금)' 등으로 구분(용도별금융)하여 대출하거나, '포괄금

융'으로 자금용도를 지정하지 않고 대출하게 됩니다.

무역금융을 수출자에게 생산자금이나 포괄금융으로 직접 대출할 수도 있고 국내공급자에게 내국신용장을 발행하고 대금을 결제한 후 동 결제자금을 수출자앞 무역금융 대출(원자재자금, 완제품자금)로 전환할 수도 있습니다. 따라서 포괄금융이나 생산자금은 수출자에게 현금이 들어가지만 원자재자금이나 완제품자금은 수출자에게 현금이 들어가지 않아 자금 전용 문제는 생기지 않습니다.

○ 실적기준·신용장기준

무역금융 대출금액은 수출자의 수출실적(FOB 기준)으로 산정한 융자한도에 따라 산정(실적기준)하거나 수출자의 보유 계약서 금액에 따라 산정(신용장기준)합니다. 실적기준에 따라 대출금액을 산정한 후 포괄금융이나 용도별금융(생산·원자재·완제품)으로 취급할 수도 있고, 수출실적이 부족한 경우 개별 신용장기준으로 대출금액 산정 후 포괄금융 또는 용도별금융(생산·원자재·완제품)으로 취급할 수도 있습니다.

원칙적으로 실적기준과 신용장기준은 동시 취급이 불가합니다. 다만 용도별 3종(생산, 원자재, 완제품) 간에는 자금용도가 다르면 실적기준과 신용장기준 동시 취급이 가능합니다. 그러나 자금용도가 같으면 실적기준과 신용장기준은 동시 취급이 불가합니다. 또한 포괄금융은 용도별금융과 동시 취급이 불가합니다.

○ 수출실적

무역금융 실적기준에서 인정되는 수출실적은 통관수출의 경우 '직수출+위탁가공용원자재수출' 실적, 내국수출의 경우 '내국신용장+구매확인서' 실적입니다.

신용장기준에서는 수출자의 수출계약서(수출신용장, 내국신용장, 구매확인서 등)를 근거로 대출합니다. 이때 대출금액은 수출계약서상의 수출계약금액 이내에서 산정됩니다.

○ 융자 시기
 - 생산자금 및 포괄금융 : 필요할 때 수시로 융자 가능
 - 원자재자금 : 선적서류나 물품의 인수와 동시에 수입어음을 결제할 때, 수입대금을 지급할 때, 판매대금추심의뢰서를 결제할 때, 수입화물운임을 따로 지급하는 경우 운임을 지급할 때
 - 완제품구매자금 : 내국신용장 어음 등을 결제할 때

○ 무역금융에 대한 보증

초보수출자가 이상의 자금을 대출받으려면 신용도가 좋거나 담보여력이 있어야 합니다. 이때 초보수출자의 신용을 보강해주는 정책금융기관이 신용보증기금/기술보증기금과 무역보험공사입니다. 이들 기관의 보증요건이 유사하기에 앞으로 무역보험공사의 보증서 위주로 설명드리겠습니다.

■ **무역어음 대출 및 인수**

시중은행에서 무역금융지원 프로그램 운용세칙 및 운용절차를 준용하고 있는 '무역어음 대출'은 주로 규모가 큰 중견기업이 수혜대상입니다. '무역어음 인수'는 주로 대기업이 수혜대상이나 시중은행의 최근 실적은 없습니다.

3) 수출채권 유동화

외상거래에서는 선적하고도 외상기간이 지나야 바이어로부터 대금이 들어옵니다. 그런데 수출자는 선적후 환어음과 선적서류를 은행에 제출하고 조기에 수출채권을 유동화해서 수출대금을 대출의 형식으로 당겨받을 수도 있습니다.

이 절차를 실무에서는 네고(Nego ; 매입)라고 하고 이때의 대출을 '선적후금융'이라고 합니다. 수출자는 이 네고 대출자금으로 무역금융 등 선적전금융을 상환하게 됩니다. 이 선적후금융은 만기에 수입자로부터 수출대금이 입금되면 네고은행은 이 입금된 수출대금으로 선적후 대출을 회수합니다.

초보수출기업은 앞서 소개한 팩토링, 포페이팅을 활용해 수출채권을 매도할 수도 있습니다. 그러나 일반적으로 수출자는 거래하는 외국환은행에서 수출채권을 유동화합니다. 이때 은행에서 담보를 요구하는데 무역보험공사의 수출신용보증서(매입, 포괄매입)가 가성비 높은 선택지가 될 것입니다.

2
중소벤처기업진흥공단 및 무역협회 자금 활용

"공자께서 말씀하시었다. '무엇을 안다고 하는 것은 좋아하는 것만 못하고,
좋아한다는 것은 즐기는 것만 못하다'."

子曰 知之者 不如好之者 好之者 不如樂之者

_《논어(論語)》

수출기업에는 여러 유관기관에서 자금을 우대해서 지원하고 있습니다. 이 중 초보수출기업이 활용하기 유용한 자금은 중소벤처기업진흥공단 '신시장진출지원자금', 무역협회 '무역진흥자금', 한국은행 금융중개지원 대출 관련된 '무역금융' 등입니다.

1) 중소벤처기업진흥공단 신시장진출지원자금

중소벤처기업진흥공단의 수출지원자금으로는 '신시장진출지원자금'이 있고, '내수기업의 수출기업화자금'과 '수출기업의 글로벌기업화자금'으로 구분됩니다.

내수기업의 수출기업화자금은 연간 수출실적 10만 달러 미만 중소기업이 대상으로, 대출한도는 연간 5억 원(직접대출, 운전) 이내입니

다. 대출기간은 5년 이내(거치기간 2년 이내)입니다. 수출기업의 글로벌화자금은 연간 수출실적 10만 달러 이상 중소기업이 대상으로, 대출한도는 연간 30억 원(운영자금은 연간 10억 원) 이내입니다. 대출기간은 시설대출 10년 이내, 운전자금 5년 이내입니다.

2) 무역협회 무역진흥자금

무역협회의 무역진흥자금은 초보수출기업(전년도 수출실적 2천만 달러 이하)에 인기가 많은데 무역협회 회원사에 한정해서 자금을 지원합니다. 신규회원 가입비는 20만 원(첫해 연회비 포함 35만 원), 연회비는 15만 원입니다. 회원가입하면 무역진흥자금 수혜 뿐 아니라 수출바우처사업(기본 50만 원 포함, 연 60만 원), 무역보험료 지원사업 등의 혜택을 누릴 수 있으니 남는 장사입니다.

- 자금용도 : 수출마케팅 및 수출이행
- 신청자격 : 회비 완납 회원사(전년도 수출실적 2천만 달러 이하)
- 융자조건(최고 융자액 3억 원), 회비납부 기간별 융자한도 차등
  - 10년 이하 : 2억 원
  - 11~20년 : 2.5억 원
  - 21년 이상 : 3억 원
- 연평균 2.75%(고정), 회비납부 기간별 금리 차등화
  - 10년 이하 : 3%

- 11~20년 : 2.75%

- 21년 이상 : 2.5%

• 3년(2년 거치, 1년 상환), 2년 거치 후 연 4회 균등분할 상환

　1월 25일, 4월 25일, 7월 25일, 10월 25일

• 취급 은행

- 시중은행 : 기업, 우리, 국민, 신한, 농협, 하나, SC제일

- 지방은행 : 부산, 경남, 대구, 광주, 전북, 제주

• 문의

- 한국무역협회 트레이드콜센터

　☞ 전화 1566-5114

　☞ https://membership.kita.net/fai/fund/fundInquiryInfo.do

　무역협회에서 신청 후 승인이 되면 자금집행을 실행하는 은행에서 대출을 받을 수 있습니다. 은행에서 담보요구 시 무역보험공사의 수출신용보증(선적전)이 담보로 활용될 수 있습니다. 초보수출기업이라면 놓치기 아까운 정책자금입니다. 적극 활용하시기 바랍니다.

3
영세수출기업을 위한 정책자금

―

"공자께서 말씀하시었다.
'어찌할꼬, 어찌할꼬 하고 자기반성을 하지 않는 자는 나도 어찌할 바가 없다'."
子曰 不曰 如之何 如之何者 吾末如之何也已矣

_《논어(論語)》

　　영세한 초보수출기업은 수출실적도 별로 없고 재무제표도 시원치 않아서 은행을 통해서 수출이행자금을 조달하기가 여의치 않습니다. 이럴 때 정책자금을 지원하는 유관기관을 먼저 찾을 필요가 있습니다. 기업의 설립연도와 규모에 따라 창업진흥원, 소상공인시장진흥공단, 신용보증재단, 무역협회 & 중소벤처기업진흥공단, 무역금융(한국은행 프로그램), 신용보증기금 & 기술보증기금 & 무역보험공사, 수출입은행의 순으로 활용하면 무난할 듯합니다.

　　이 중 영세기업을 위한 창업진흥원, 소상공인시장진흥공단, 신용보증재단 정책자금 지원사업을 소개해드립니다. 이들 기관은 영세기업이 주 고객이므로 재무제표가 다소 취약한 기업도 활용이 가능할 수 있습니다. 실제로 모 정책금융기관에서 재무제표 부실을 이유

로 자금지원이 거부되었던 초보수출자가 창업진흥원으로부터 창업
도약패키지의 사업화자금을 지원받아서 수출을 무사히 진행했던 사
례도 있습니다.

1) 창업진흥원

▪ 기관 소개

창업진흥원은 창업을 촉진하고 창업기업의 성장을 지원하여 국가
경쟁력 강화에 이바지하기 위해 2009년 설립된 중소벤처기업부 산
하 공공기관입니다.

▪ 주요사업

○ 예비창업패키지(예비창업자 대상)

창업사업화에 소요되는 자금(사업화자금)을 최대 1억 원 지원(평균
0.5억 원)

○ 초기창업패키지(창업 3년 내)

시제품 제작, 지재권 취득, 마케팅 등에 소요되는 사업화자금 지
원(최대 1억 원)

○ 창업도약패키지(창업 3~7년)

성장가능성이 높은 도약기 기업 대상으로 사업모델 및 제품·서비

스 고도화에 필요한 사업화자금(최대 3억 원) 및 주관기관·대기업 창업 프로그램 지원

○ 해외진출자금(투자실적 및 진출지역 매출실적 보유 업력 7년 이내 창업기업)

- 개요 : 글로벌 진출을 희망하는 성장단계 스타트업의 현지 창업생태계 '진입·안착·성장' 지원 글로벌 플랫폼

- 규모 : 기업당 최대 6천만 원

- 운영국가 : 스웨덴, 핀란드, 이스라엘, 미국, 인도, 싱가포르, 프랑스, 베트남

2) 소상공인시장진흥공단

■ 기관 소개

소상공인시장진흥공단은 소상공인 육성, 전통시장·상점가 지원 및 상권활성화를 위해 설립된 준정부기관입니다

■ 정책자금 지원

○ 공통 지원 자격(자금별 세부요건 상이)

※ 소상공인 보호 및 지원에 관한 법률상 소상공인 : 상시근로자 5인 미만 업체(제조업, 건설업, 운수업, 광업 : 상시근로자 10인 미만 업체)

- 제외 업종 : 유흥향락 업종, 전문 업종, 금융업, 보험업, 부동산업 등

○ 정책자금 유형(금리 4%대)

- 성장기반자금 : 소상공인특화자금, 성장촉진자금, 스마트자금 등

- 일반경영안정자금 : 일반자금, 신사업창업사관학교연계자금

- 특별경영안정자금 : 청년고용연계자금, 재도전특별자금 등

○ 경영개선 바우처(한도 300만 원)

판로 창출, 신제품 및 신메뉴 개발, 법률지원 비용 등

3) 신용보증재단

■ 기관 소개

광역시·도에 17개 지역신용보증재단과 신용보증재단중앙회가 있습니다.

■ 주요 보증사업

○ 수출유망 소상공인 지원 특례보증

- 지원대상 : 중소벤처기업부 선정 '수출 두드림 기업' 또는 대표자 개인신용평점 710점 이상이면서 당기 또는 최근 1년 이내 수출실적 보유 기업

- 자금용도 : 운전자금

- 최대지원한도 : 7천만 원

- 지원기관 : 17개 지역신용보증재단

　☞ 대표번호 1588-7365

○ 소기업·소상공인 경영안정지원 협약보증

- 지원대상 : 소기업, 소상공인

- 자금용도 : 운전자금

- 최대지원한도 : 2억 원

- 지원기관 : 17개 신용보증재단

　☞ 대표번호 1588-7365

○ 햇살론(자영업자) 특례 운용 2

- 상품개요 : 국내 경기침체 지속으로 어려움을 겪고 있는 저소
득·저신용 자영업자에 대한 보증 지원

- 지원대상 : 저신용·취약계층

- 자금용도 : 운전자금, 창업자금

- 최대지원한도 : 2천만 원

- 지원기관 : 16개 지역신용보증재단(세종 제외)

　☞ 대표번호 1588-7365

4

신용보증기금과
기술보증기금 활용

———

"사업은 망해도 다시 일어설 수 있지만,
인간은 한 번 신용을 잃으면 그것으로 끝장이다."

_현대그룹 창업주. 정주영

수출이행자금을 조달하기 위하여 보증이 필요한 경우, 주로 무역
보험공사의 수출신용보증(선적전)이나 신용보증기금(신보) 또는 기술
보증기금(기보)의 보증서를 활용할 수 있습니다. 앞서 소개해드린 지
역 신용보증재단을 활용해도 좋습니다.

초보수출기업이라면 처음 상담한 금융기관에서 대출이나 보증이
안 된다고 좌절하지 마시고 경쟁 금융기관 또는 유사 서비스를 제공
하는 기관을 방문할 필요가 있습니다. 기관마다 융자(보증) 제한 기준
이 다를 수 있고, 취급하는 담당자에 따라서 재량권의 행사 범위가
다르기 때문입니다.

이하에서는 신보와 기보의 보증 상품을 소개해드립니다. 내용은
주로 신보와 기보의 홈페이지에서 인용합니다. 수출기업에 특화된

신보의 '수출중소기업종합지원 프로그램'과 기보의 '수출기업보증'
에 관심을 가지시기 바랍니다.

1) 신용보증기금

(1) 기관 개요

신용보증을 통해서 중소기업이 금융을 원활히 조달할 수 있도록
지원하는 금융위원회 산하 기금관리형 준정부기관입니다.

(2) 보증 지원대상 및 신청

보증 지원대상기업은 중소중견기업이며 대기업과 상장기업은 특
정자금에 한하여 제한적으로 허용됩니다. 신용보증은 업종별 제한
없이 보증취급이 가능합니다. 하지만 도박·사행성게임, 사치, 향락,
부동산 투기 등을 조장할 우려가 있는 업종에 대해서는 보증이 제
한됩니다.

신보 홈페이지 내 신용보증 플랫폼 또는 모바일 앱을 통해 보증상
담 신청이 가능합니다. 단, 신규기업은 영업점 방문상담, 기존 보증
거래기업은 전화상담이 가능(방문상담 생략)합니다.

(3) 주요 보증 상품

신보의 창업 단계·성장 단계·성숙 단계의 보증 상품을 소개해드
립니다. 자금 유형에 따라 보증요율 할인 혜택이 있습니다.

■ **창업 단계**

• 예비창업보증 : 창업 전 6개월 이내

• 신생기업보증 : 창업 후 3년 이내

• 창업초기보증 : 창업 후 3~5년 이내

• 창업성장보증 : 창업 후 5~7년 이내

• 유망청년창업기업보증(39세 이하) : 창업 후 7년 이내

• 청년희망드림보증(39세 이하) : 창업 후 7년 이내

• 신중년행복드림보증(49세 이상) : 창업 후 7년 이내

• 금융회사 특별출연 협약보증

  핵심 정책 분야 대상 기업 및 성장유망기업

■ **성장 단계**

○ 유망, 특화, 가젤, BEST 서비스기업보증지원 프로그램

  – 고용, 부가가치 창출효과 및 성장잠재력 높은 서비스

  – 경제적 기여도 높은 신사업 서비스

○ 신성장동력산업영위기업 보증

  신성장동력 46개 분야 및 300개 품목 기술보유 및 생산기업

○ 수출중소기업종합지원 프로그램 대상기업

  – 수출기업의 수출역량 단계에 따른 보증 지원

- 수출희망 → 진입 → 확장 → 주력 → 스타기업
- 우대 지원 내용
  • 보증비율 : 90~100%
  • 보증료 : 0.2~0.3%p 차감
  • 수출스타 : 0.5% 고정보증료율

○ 고용창출 특례보증

최근(향후) 6개월 이내 신규 고용·창출(예정) 기업에 대해 보증
지원

○ 지식재산(IP)보증

우수 지식재산(IP)에 대한 연구개발(R&D), 기술거래, 사업화 및
활용촉진을 하고자하는 중소기업

○ SMART 융합보증

- 융합설비 도입, 융합제품 생산기업
- ESS장치 생산 또는 도입 기업

○ 스마트공장 특화지원 프로그램

스마트공장 사업 선정기업, 구축완료기업, 수준확인기업 등

○소재·부품·장비 분야 경쟁력 강화 지원 프로그램

　- 소재·부품·장비 분야 관련 업종 영위 기업

　- R&D 및 사업화·성장 단계 기업

○신한류 해외진출 지원 프로그램

　문화콘텐츠 제작 기업으로 해외진출 준비 또는 진행 중인 기업

○국내 복귀기업에 대한 보증

　산업통상자원부 선정 국내 복귀기업(취소기업 제외)

■ **성숙 단계**

○유동화회사보증

　지속성장 유망기업

○혁신리딩기업

　양호한 미래성장성과 혁신성을 바탕으로 글로벌 중견기업으로

　성장하거나 기업공개 가능성이 높은 기업

○고용의 질 우수기업

　- 질적 수준이 우수하거나 고용을 안정적으로 유지하는 기업

　- 좋은일자리 기업(GWP), 최고일자리 기업(BWP)

2) 기술보증기금

(1) 기관 개요

기술보증기금은 기술보증기금법에 의해 설립된 정부출연기관으로서, 기술혁신형 기업에 기술보증 및 기술평가를 중점지원하여 기업의 기술경쟁력을 제고하고 나아가 우리 경제의 지속적인 성장동력 창출의 일익을 담당하고 있는 중소벤처기업부 산하 기술금융 전문지원기관입니다.

기보의 보증은 담보능력이 미약한 기업이 보유하고 있는 무형의 기술을 심사하여 기술보증서를 발급해서 금융기관 등으로부터 자금을 지원받을 수 있는 제도입니다.

기보의 보증 프로그램 중 '수출기업보증'을 소개드립니다.

(2) 수출기업보증

수출기업보증은 수출기업의 성장 단계에 따라 맞춤형 보증 우대를 지원하는 제도입니다.

■ **대상기업**

○수출예상기업

  - 향후 수출이 발생할 것으로 예상되는 기술혁신선도형기업
  - 수출실적이 당기매출액 등의 10% 미만인 기술혁신선도형기업

○ 수출실적기업

　수출실적이 당기매출액 등의 10% 이상인 기술혁신선도형기업

○ 수출주력기업

　- 수출실적이 당기매출액 등의 30% 이상인 기술혁신선도형
　　기업
　- 수출실적이 1백만 달러 이상인 기술혁신선도형기업
　- 수출유망중소기업

○ 수출선정기업

　- 수출예상실적·주력 기업 중 다음 중 하나에 해당하는 기업
　　(수출바우처 사업 선정, 신규 수출기업화사업 선정, K-Global 300 선정, 브랜
　　드 제품 선정, 글로벌 강소기업)
　- 우대 내용 : 보증비율 및 보증요율 우대, 심사 완화

무역보험공사
수출신용보증(선적전)

—

"왜 살아야 하는지 아는 사람은 어떤 상황도 견딜 수 있다."

_프리드리히 니체(Friedrich Nietzsche)

한국무역보험공사(K-SURE)는 우리 수출기업에 무역보험·보증 서비스를 제공하는 산업통상자원부 산하의 공적수출신용기관입니다.

이번에는 수출기업이 금융기관 등에서 수출이행자금을 조달할 때 담보로 활용할 수 있는 무역보험공사(무보)의 수출신용보증(선적전)제도를 설명하겠습니다. 해당 내용은 무보 홈페이지에서 인용합니다. 무보의 보험(보증) 가입 관련 서비스는 무보 영업점 또는 홈페이지 내 사이버 영업점을 활용하시기 바랍니다.

1) 수출신용보증(선적전)
■ 제도 개요
중소·중견기업이 수출물품을 제조, 가공하거나 조달할 수 있도록 금융기관으로부터 필요한 자금을 대출받을 때 무보가 연대보증하는 제도로, 금융기관이 수출신용보증서(선적전)를 담보로 대출 실행한 후 대출금이 상환되지 않는 경우 무보가 보상합니다.

■ 보증대상 대출

금융기관이 수출자에 대해 다음 대출자금에 해당되는 신용보증부 대출 또는 지급보증을 실행하는 경우에 적용됩니다.

○ 한국은행의 '한국은행 금융중개지원대출관련 무역금융지원 프로그램 운용세칙'에 의한 무역금융 및 관련 지급보증

○ 한국수출입은행에서 취급하는 수출자금으로서 무보가 인정하는 자금대출

○ 수출용원자재 수입신용장 개설(내국수입유산스 신용장 개설 포함). 다만 중계무역 방식에 의한 수출용원자재 수입신용장 개설은 제외

○ 기타 수출 진흥을 위한 금융기관, 수출유관기관, 정부·지자체 자금대출(어음할인, 지급보증 포함)
　- 은행법상 은행, 농협중앙회, 지역농협, 수협 등

- aT의 농식품글로벌육성지원자금(운영), 무역협회의 무역진흥
자금, 중소벤처기업진흥공단 신시장진출지원자금 등

■ 보증대상기업
○ 신용상 문제가 없는 수출기업 중 요건에 부합하는 중소기업
- 원칙적으로 무보 수출자 등급 A~F등급이 보증 가능 등급이
며, 제한등급인 G, R등급은 원칙적으로 보증이 불가함. 단, G
등급 평가 사유 중 평점 부족, 6개월 미만 재무제표 등 일부에
대해 성장성, 기술력, 수출활동 등이 감안되면 소액 범위 내에
서 보증 가능
- 금융거래 대출금·국세/지방세·4대 보험료 연체 기업도 이
용 불가
- 부채비율 500% 초과·차입금 과다(매출액 70% 초과)·2년 연속
이자보상배수 1 미만·사업장 및 연대보증인 건물 권리 침해
등도 보증한도 제한

■ 이용절차
○ 보증이용 상담
무보 및 금융기관 통해 보증가능 여부, 이용절차 등 사전 상담

○ 보증신청(수출자 및 금융기관 → 무보)

신용평가 및 보증심사를 위해 보증신청서류(금융기관 날인 필요)를 완비하여 영업부서에 제출

☞ 서류 : 홈페이지 〉 사업안내 〉 신용보증 〉 수출신용보증(선적전) 〉 신청서류

※ 청약서 제출방법

• 전자보증 가능은행(기업, 신한, 하나, 국민, 우리) : 은행이 전자전문으로 제출

• 그 외 은행 : 수출자가 은행의 확인을 받아 서면 제출. 사이버영업점에 접속하여 온라인 서류 제출 또는 영업부서에 오프라인 제출

○ 보증한도 책정(무보 → 수출자)

무보는 수출자의 신용도, 수출실적, 무역금융 이용현황, 현금흐름, 대표자 면담, 사업장 실사 결과 등 심사하여 보증한도 책정

○ 보증약정 체결(수출자 ↔ 무보)

무보와 수출자(연대보증인) 간 약정 체결, 자필 서명 필요

※ 연대보증인 입보대상

• 개인기업 : 연대 입보 폐지(다만 실제경영자가 있는 경우 실제경영자 필수 입보)

• 법인기업 : 대표이사 등 실제경영자 1인(공동대표 및 각자대표가 실제경영자인 경우 대표자 전원)

※ 개인기업과 법인기업 모두 실제경영자가 있을 경우 실제경영자의 연
　대입보는 필수

○ 보증료 납부(수출자 → 무보)

　'보증한도×보증요율'로 계산하는 보증료 납부

　※ 연 0.5~2.5% 수준이며, 수출자의 신용등급이 좋을수록 보증료 저렴(

　　중간 등급 기준 평균 연 1.0% 내외. 보증료 지원 사업과 우대지원 프로그램 활

　　용 필요)

○ 보증서 발급(무보 → 금융기관)

　- 보증료 납부 확인 후 금융기관 앞으로 보증서 발급

　- 대출실행(금융기관 → 수출자) : 금융기관은 보증서를 담보로 수출
　　자에 대출 실행 후 전자문서(전자보증 은행) 또는 사이버영업점
　　(비전자보증 은행)을 통해 무보 앞으로 대출금리 통보

■ 보증채무·보증비율·보증기간

○ 보증하는 채무 : 대출원금과 보증채무이행일까지의 이자

○ 보증비율 : 90%(우대지원 프로그램 별도)

○ 보증기간 : 1년(만기 시 재보증 가능)

2) 수출신용 보증(온라인 다이렉트 보증)

수출초보 중소기업이 ㈜신한은행 또는 ㈜하나은행의 온라인 다이렉트 보증 전용 상품을 선택하여 자금을 대출받을 때 무보가 연대보증하는 제도입니다.

무보 수출신용 보증(선적전)의 약관 및 약정서를 활용하지만 보증서 신청부터 대출까지 무보 및 은행 영업점 방문 없이 은행 모바일 어플리케이션 및 웹사이트를 통해 진행되는 신속, 간편한 비대면 보증상품입니다.

■ **보증대상**

- ㈜신한은행의 '신한 온라인 다이렉트 수출보증대출' 상품으로 자금을 대출받는 경우
- ㈜하나은행의 'Hana Direct 수출보증대출' 상품으로 자금을 대출받는 경우

■ **보증대상기업**

신용상 문제가 없는 수출기업 중 요건에 부합하는 중소기업 무보 내부규정에 따른 보증금지, 보증제한 및 기타 거절사유에 해당되는 경우 이용 제한

■ **보증요율**

0.8% 내외

수출신용보증(온라인 다이렉트 보증) 주요 계약 사항

구분	신한은행	하나은행
대상 기업	• 한국기업데이터 신용등급 B⁺ 이상 • 매출액 1억 원 초과 100억 원 미만 • 직수출실적 1만 달러 이상 200만 달러 미만 (단, 직수출실적이 1만 달러 미만인 경우 한국무역정보통신을 통해 집계되는 간접수출실적 인정)	
은행 등급	• 신용등급 B⁻ 이상 • 법인기업 또는 개인기업	신용등급 B6 이상 법인기업
보증 기간	총 4년(2년 거치 2년 상환)	총 4년(1년 거치 3년 상환)
보증 한도	5천만 원 또는 1억 원 * KoDATA등급이 BB⁺ 이상인 경우 1억 원 선택 가능	
보증 비율	100%	
보증료 납부	대출실행금에서 선취	
지원 제외 대상	• 무보신용등급 G등급 또는 R등급(6개월 미만 재무제표 G등급 제외) • 무보 단기금융성종목(수출신용보증, 수입보험 등) 이용 기업 • 국세·지방세·4대보험 연체 중인 기업 • 공동사업자 또는 대표자 2인 이상 기업 • 금융기관 대출금 연체 중인 기업	

※ 출처 : 무역보험공사 홈페이지

3) 수출패키지 우대금융 지원 프로그램

수출중소중견기업의 다양한 자금 수요를 충족할 수 있도록 무보와 5대 금융기관이 협력하여 수출패키지 우대금융을 제공하는 프로그램입니다. 동 패키지를 위해 무보는 국민, 하나, 신한, 우리, 농협 등 5대 시중은행과 업무협약을 체결(2023년 12월)하고, 2024년 3월 말부터 시행(2024년 6월 기준 하나·신한·우리·농협 시행) 중입니다.

수출패키지 우대지원 대상인 무역보험 상품은 ① 수출금융 대출을 보증하는 수출신용보증(선적전), ② 수출채권 유동화를 지원하는 수출신용보증(포괄매입), ③ 소부장, 뿌리, 방위산업 중소중견기업의 수입자금 대출을 보증하는 수입보험(글로벌공급망) 등이고, 지원대상 기업은 협약은행이 추천한 은행 신용등급 일정 이상 또는 KoDATA 등급 B⁻ 이상 중소중견기업입니다. 우대기간은 3년입니다.

우대지원 내용은 무보에서는 보증비율(부보율) 95%로 상향, 책정 가능한도의 2배까지 한도 우대, 보험(증)료 20% 할인 등이고, 협약은행에서는 업체당 2천만 원까지 보험(증)료 100% 지원, 금리 및 수수료 우대 등입니다. 보험(증)료 지원사업은 1년간이나 은행 추천 시 추가 지원이 가능할 수도 있습니다.

이상으로 무보의 수출신용보증(선적전) 및 수출패키지 우대금융 지원 프로그램에 대해 간략히 설명드렸습니다. 초보수출기업의 경우에는 수출자금 조달을 지원하는 무보의 수출신용보증(선적전)과 수출채권 유동화를 지원하는 수출신용보증(포괄매입)은 유용한 상품이고, 이들 상품을 수출패키지 우대금융 프로그램을 통해서 보험(증)료 지원을 받아서 이용할 수 있으니 꼭 활용하시기 바랍니다. 강추합니다.

5장

무역보험을 활용한
수출리스크 관리

·

"인생에서 가장 중요한 것은 행복이 아니라 살아 있는 것이다."

_에리히 프롬(Erich Pinchas Fromm)

1

국가위험과 수입자 신용위험

"웃고 지낸 시간은 신과 함께한 시간이다."

_작자 미상

수출자금을 조달하면 수출물품을 구매하든지 생산해서 수출신고와 통관을 하고 본선에 선적한 뒤 수출대금을 회수해야 합니다. 수출자의 협상력이 높아서 수출대금을 100% 사전송금방식으로 받으면 다행이지만 소액거래가 아닌 한 초보수출자에게 그렇게 너그러운 결제조건을 제시하는 수입자는 드물 것입니다. 수출자로서도 어렵게 확보한 해외거래선에게 자기에게 유리한 결제조건을 고집해서 거래를 위태롭게 하기는 어려울 것입니다. 결국 일부는 선수금으로 받고 잔금은 외상거래 조건으로 거래할 가능성이 크고 이마저도 거래가 지속되면서 외상거래의 비율이 높아질 것입니다.

그런데 외상거래에는 대금미회수위험이 따릅니다. 해외거래는 국내거래보다도 더 위험요인이 많기에 해외거래 위험을 잘 파악해서 관리할 필요가 있습니다. 해외거래 위험 중에서도 수출대금회수에 영향을 미치는 위험은 크게 비상위험(수입국 국가위험 등 거래당사자가 어찌할 수 없는 위험)과 수입자 등 신용위험으로 분류할 수 있습니다.

대부분은 수입자 신용위험으로 인해서 수출대금을 못 받게 됩니다. 그러나 현재 전쟁 중인 러시아나 우크라이나, 외환사정이 좋지 않은 아르헨티나나 베네수엘라, 경제제재를 받고 있는 미얀마, 내란이 종종 발생하는 아프리카 국가, 튀르키예(터키)에서의 예상치 못한 지진 발생 등 수입자가 아무리 우량하더라도 비상위험으로 수출대금을 못 받을 가능성은 적지 않습니다.

다음은 무역보험공사 단기수출보험(선적후-일반수출거래 등) 약관에서 나열하고 있는 비상위험과 신용위험의 유형입니다. 단기수출보험(선적후)은 보험계약자인 수출자가 수출 후 비상위험 또는 신용위험으로 수출대금을 못 받는 경우에 발생하는 손실을 보상하는 무역보험 상품으로 수출지원을 위한 정책보험입니다.

비상위험

가. 외국(수입국 또는 지급국을 포함하며 이하 같음)에서 실시되는 환거래의 제한 또는 금지

나. 외국에서의 전쟁, 혁명, 내란, 기타 이에 준하는 사유로 인한 환거래의 불능

다. 수입국에서 실시하는 수입의 제한 또는 금지(농수산물이 제2조 제

1항 제1호의 방식으로 수출되는 경우 수출물품 선적후 수입국의 행정규제조치 또는 검역기준 변경에 따른 통관불능을 포함함)

라. 수입국에서의 전쟁, 혁명, 내란 또는 천재지변으로 인한 그 수입국의 수입 불능

마. 대한민국 밖에서 발생한 사유로 인한 수입국으로 수송 불능

바. 정부 간 합의에 따른 채무상환 연기협정 또는 지급국에 원인이 있는 외화송금 지연

사. '가'목 내지 '바'목 외에 대한민국 밖에서 발생한 사유로서 수출계약 당사자에게 책임이 없는 경우(보험계약 체결 당시 취득을 필요로 하는 수입허가 또는 외환할당을 취득할 수 없게 된 경우 및 보험계약 체결 당시 취득하였던 수입허가의 효력에 부수된 조건 또는 기한에 의해 수입허가의 효력을 상실한 경우는 제외함)

신용위험

가. 수출계약상대방에 의한 수출물품(선적서류 포함)의 인수거절 또는 인수불능

나. 수출계약상대방의 지급거절 또는 지급불능

다. 수출계약상대방의 지급지체

애써 수출을 하고도 수출대금을 받지 못하면 헛일입니다. 미리미리 대비해서 수출한 뒤에는 웃을 수 있어야 하겠습니다.

2
수출거래 결제 관행 및
해외시장 신용위험 동향

———

"실패한 고통보다 최선을 다하지 못했음을 깨닫는 것이 몇 배 더 고통스럽다."

_앤드류 매튜스(Andrew Matthews)

무역보험 상품을 소개하기에 앞서 무역보험공사 홈페이지에 나와 있는 '수출결제정보(2023.3.13.)' 및 '2024년 해외시장 신용위험 보고서(2024.5월)'를 바탕으로 무역보험을 활용하는 우리나라 수출기업들의 수출거래 결제 관행 및 해외시장의 신용위험 동향을 설명드립니다.

결제 조건

2022년 기준으로 송금방식인 O/A(Open Account, T/T 포함) 73%, 추심방식인 D/A와 D/P가 각각 5%와 1%, NET 6%, L/C 12%, CAD와 COD가 각각 2%와 1%입니다. 즉, 우리 수출기업은 안전도 높은 신용장(L/C)거래보다는 무신용장거래를 주로 하고 있으며 이 마저도 대부분은 위험도 높은 송금방식의 T/T거래를 하고 있습니다.

결제 기간

2022년 기준으로 우리 수출기업 수출거래의 평균 결제 기간은 72일입니다. 즉, 결제 기간이 대체로 60~90 days임을 의미합니다. 수출하고도 2~3달은 대금미회수위험에 노출될 수 있다는 의미입니다.

연체율

2022년 기준으로 우리 수출기업이 경험하는 평균 연체율은 15%입니다. 2021년의 12.5%보다 소폭 상승했습니다. 평균 연체율 15%는 결코 낮은 수치가 아닙니다. 수입자에 따라서는 관행적으로 연체하는 경우도 있습니다.

국가별로는 알제리 44%, 엘살바도르 44%, 이집트 37%, 카타르 34%, 아랍에미레이트 30%, 몽고 29% 등이 연체율이 높습니다. 특히 중동 지역이 고질적으로 돈을 늦게 갚는 경향이 있습니다.

연체 기간

2022년 기준으로 우리 수출기업이 경험하는 평균 연체 기간은 16.5일입니다. 역시 2021년의 15.8일보다 소폭 높아졌습니다. 평균 수준의 연체율이라면 수출자가 어느 정도 감내할 수 있겠으나 연체율이 30일을 넘어간다면 악성화될 우려가 있습니다.

국가별로는 벨라루스 70일, 우즈베키스탄 57일, 쿠웨이트 47일, 아제르바이잔 40일 등이 연체를 길게 하고 있습니다.

결론적으로 우리나라 수출기업은 주로 T/T 등 송금방식으로 외상기간 60~90 days 조건으로 거래를 하고 있으며, 평균적으로 15%의 거래에서 연체를 경험하고 있습니다. 리스크 관리가 필요함을 보여줍니다.

해외시장 신용위험 동향

한편, 무보가 보유한 국외기업 신용평가 데이터를 이용하여 산출한 전체 등급 중 불량 R등급 수입자 비중인 신용위험지수는 2021년 3.3%, 2022년 4.8%, 2023년 5.9%로, 최근 3년간 지속적으로 상승하였습니다. 2023년 러시아의 신용위험지수는 무려 63.1%에 달하고, 아랍에미리트, 홍콩 등도 두 자리 수를 기록했습니다. 러우전쟁, 경제제재, 미중 무역전쟁, 글로벌 고금리 등으로 수입자 영업 중지, 파산 및 무역보험 사고가 늘어난 탓입니다.

이들 요인들은 단시일 내 완화되기 어려워 보입니다. 역시 수출거래 전 수입자 신용조사, 무역보험 가입 등 리스크 경감 조치가 요구됩니다.

3

수출대금 미회수위험 담보하는 단기수출보험

"길을 잃는 것도 길을 찾는 방법 중 하나다."

_아프리카 속담

앞에서 비상위험 또는 수입자 신용위험으로 인해서 수출대금을 받지 못하는 리스크에 대해 설명드렸습니다. 이제부터는 수출기업이 수출대금 미회수위험을 담보할 때 활용할 수 있는 무역보험공사의 단기수출보험(선적후)에 대해 설명드립니다.

1) 단기수출보험(선적후, 개별보험)

먼저 장단기 구분입니다. OECD에서는 무역보험으로 담보하는 수출거래를 수출(선적) 후부터 결제기일 만기까지의 기간이 2년 이내인 경우에는 단기거래, 2년 초과인 경우에는 중장기거래로 구분해서 보험료 책정 기준 등을 달리 적용하고 있습니다. 주로 단기거래는 일반상품거래, 중장기거래는 플랜트 수출거래입니다. 무역보험공사(무보)

도 결제 기간 2년 이내 수출거래는 단기수출보험 약관으로, 2년 초과 거래는 중장기수출보험 약관으로 담보하고 있습니다.

약관에서는 단기거래를 넉넉하게 2년 이하로 기술하고 있으나 현실적으로 외상거래는 D/A (또는 T/T) 60 days 또는 90 days 정도가 많은 편이고, 150 days를 넘는 거래는 많지 않습니다. 외상거래가 불가피해도 지나치게 긴 외상거래는 거래위험이 높아 가급적 피하는 것이 좋습니다.

담보하는 수출거래와 위험, 부보율 등은 다음과 같습니다.

■ 담보하는 수출거래

○ 일반수출

국내에서 생산·가공 또는 집하된 물품을 수출하는 거래(우리나라 선박에 의하여 외국에서 채취 또는 포획한 수산물을 수출하는 거래 포함)

○ 위탁가공무역

국내기업의 해외현지법인이 생산·가공한 물품 또는 국내기업이 위탁하여 외국에서 가공한 물품을 수출하는 거래

○ 중계무역

수출을 목적으로 물품을 수입하여 국내에서 통관하지 않고 제3국으로 수출하는 거래

○ 재판매

　수출자가 현지법인을 포함해 해외지사 등에 물품을 수출하고, 동 해외지사 등이 당해 물품을 현지 또는 제3국에 재판매하는 거래

■ **담보하는 위험**

○ 신용위험

　수입자(신용장의 경우 개설은행) 지급불능 지급거절, 지급지체, 파산 등으로 수출대금을 회수하지 못할 위험

○ 비상위험

　수입국의 전쟁, 내란, 환거래 제한, 모라토리움 등으로 인해 수출대금을 회수하지 못할 위험

■ **보험가액, 보험금액 등**

○ 보험가액 : 수출대금

○ 부보율(일반수출 & 위탁가공무역) : 중소기업 100%, 중견기업 97.5%, 대기업 95%

○ 보험금액 : 보험가액 × 부보율

○ 지급보험금 : (손실액 - 면책대상손실) × 부보율

○ 보험료 : 보험료는 보험금액에 수입자 신용등급(신용장거래인 경우

신용장 개설은행 소재 국가등급), 결제조건 및 결제기간 등에 따른 보험요율을 곱하여 산출(수출자가 중소기업이고 수입자 D등급이고 외상기간 90 days인 경우 보험요율 약 1%)

■ 주요 면책사유

보험에 들면 손실 발생 시 당연히 보험금이 지급되어야 합니다. 무역보험에서도 대부분의 경우에는 보험금을 지급하고 있습니다. 그런데 보험계약자의 약관상 중요한 의무위반으로 보험자 면책이 발생해 보험금이 지급되지 않는 경우가 간혹 발생합니다.

단기수출보험에서 가장 빈번한 면책사유는 연속수출 조항입니다. 동일한 수출입자 간 거래에서 미부보건을 포함한 이전 거래 건이 결제 만기로부터 30일이 경과한 이후 추가로 선적한 건은 보험에 가입하더라도 보상이 되지 않습니다. 이미 기존 수출 건이 장기 연체된 상태여서 바이어는 결제능력이나 결제의사가 없는 것으로 간주하기 때문입니다.

그 외에 개별보험은 수입자별 인수한도를 책정받은 후에는 선적할 때마다 선적내역을 무보에 통지(사이버 수출보험 활용)해야 해당 건이 보험에 가입된 것으로 봅니다. 그러니 수출 통지를 하지 않는 경우에는 인수한도가 있더라도 미부보건이 되어 손실 발생 시에도 보상이 되지 않습니다. 또한 수출통지 후에는 보험료를 납부해야 하고 보험료 미납부 건에서 보험사고가 발생해도 보상하지 않습니다.

■ 이용절차

단기수출보험에서 수출입자 신용조사 의뢰와 보험 가입, 수출통지
는 무보 사이버 영업점에서 온라인으로 신청 가능합니다.

2) 단기수출보험(선적후, 포괄보험)

앞서 개별방식은 수입자 및 수출거래가 적은 경우 개별 수입자별
로 보험에 가입하는 방식입니다. 해외거래처가 다수인 경우에는 모
든 거래처에 대해 일괄적으로 보험에 들기로 무보와 포괄보험 계약
을 체결하면 무보는 수입자별 한도를 우대해주고 보험료 할인혜택
을 부여합니다. 다만 수출자가 포괄보험에 가입하기 위해서는 수출
자가 일정 요건을 갖추어야 합니다. 준포괄은 연간 수출실적 1백만
달러 이상(+바이어 3개 이상) 중소중견기업이 대상이고, 포괄보험은 연
간 수출실적 2백만 달러 이상 수출자가 대상입니다.

개별보험에서 저위험 바이어는 보험 가입을 하지 않아서 보험료를
절약할 수 있는 반면에 고위험 바이어에 대해서는 충분한 보험한도
를 받지 못할 수도 있습니다. 포괄보험은 저위험 바이어에 대해서도
보험에 들어야 하는 의무를 부담하는 대신에 고위험 바이어에 대해
서도 보험한도를 상대적으로 많이 받을 수 있고 전체적인 보험료 할
인혜택을 받을 수 있습니다.

■ 인수한도·보상한도

개별보험에서는 수입자별 인수한도를 부여해서 인수한도 범위 내에서만 보험에 가입할 수 있습니다. 그러나 포괄보험은 보상한도 방식이라 수입자별로 금액제한 없이 보험에 가입할 수 있으나 보험 사고가 나면 수입자별 보상한도 이내로 보험금을 지급합니다.

다만 개별보험의 인수한도는 회전운영이 가능합니다. 따라서 이전 가입 건이 결제되어 무보에 결제통보를 하면 다시 한도가 살아나는 방식입니다.

■ 보상비율·결제기간

포괄보험에서 손실 발생 시 보상하는 보상비율은 중소 100%, 중견 97.5%, 대기업 95%로 개별보험의 부보율과 동일한 비율입니다. 개별보험은 결제 기간 2년 이내의 거래를 담보하지만 포괄보험은 180일 이내의 거래만 담보합니다. 일반적으로 초보수출기업에는 개별보험방식이 포괄보험방식보다는 더 적합할 수 있으며 해외거래 규모가 커지면 추후 포괄보험 가입을 고려해볼 수도 있을 것입니다.

그러나 초보수출기업에는 단기수출보험 개별방식 또는 포괄방식보다는 지금부터 설명할 단기수출보험(중소중견Plus+)보험이나 단기수출보험(중소Plus+) 다이렉트플러스 또는 단기수출보험(다이렉트)이 보다 가성비 높은 선택이 될 수 있습니다. 초보수출자에게 개별보험은 비싸고 포괄보험은 무겁고 자격 요건이 까다롭습니다.

3) 단기수출보험(중소중견 Plus+)

앞서 원하는 수입자만 건별로 가입하는 개별보험과 거래하는 모든 수입자에 대해 포괄적으로 가입하는 포괄보험을 설명드렸습니다. 개별보험은 보험료가 비싸고 건별 수출통지가 번거로우며, 포괄보험은 우량한 바이어까지 부보해야 하는 부담이 있습니다. 이 둘의 장점만을 모아서 보험료 부담을 최소화한 방식이 단기수출보험(중소중견Plus+)입니다.

Plus+보험은 최대 50개까지 거래하는 바이어만 온라인으로 등록하고 매우 저렴한 소정의 보험료만 납부(선납)하면 보험관계가 성립하고 수출통지 의무도 지지 않습니다. 나중에 보험사고가 발생하면 그때 보험금 청구를 해서 보상받으면 됩니다. 수입자 신용조사 절차가 생략되어 이용절차가 간단합니다.

이용자격으로는 수출자는 연간 수출실적 5천만 달러 이내 중소중견기업이면 해당됩니다. 수출자별 최대 책임금액은 비상위험·신용위험 담보의 경우 150만 달러(중견기업은 450만 달러)이고, 수입자별 최대 책임금액은 수입자 E등급 이상 50만 달러, F등급 및 미평가 30만 달러, G등급(자본잠식 제외) 및 정보부족 R등급 10만 달러입니다.

자본잠식 G등급 및 불량 R등급 수입자와의 거래는 보험 가입이 안됩니다. 따라서 보험 가입 시 수입자 유효등급이 존재하지 않는다면 미평가로 수입자별 최대한도는 30만 달러가 됩니다. 초보수출자에게 이 정도면 충분할 듯합니다.

중소기업은 기본위험인 비상위험과 신용위험 이외에 클레임비용을 보상하는 클레임위험을 5만 달러 이내 한도로 들 수 있습니다. 클레임위험 담보 세부내용은 단기수출보험(농수산패키지)을 참고하시기 바랍니다.

보험료는 책임금액 크기에 따라 달라집니다. 보험요율은 무신용장 방식 기본위험 담보 시 중소기업은 연 0.82~1.62%(신용장거래 0.22%, 무역클레임위험 0.7%), 중견기업은 1.02~2.52%(신용장거래 0.22%, 무역클레임위험 해당사항 없음), 여기에 위험별 최대책임한도를 곱해서 보험료를 산출합니다.

보험요율 수준만 보면 높아 보이지만 이 보험요율을 개별 수출통지 금액에 곱해서 건별 보험료를 산출한 후 모든 수출통지 건 보험료를 더하는 방식이 아니라, 보험요율에 담보위험별 최대책임한도를 곱해서 산정하는 방식이기에 앞서 소개드린 개별보험 방식보다는 보험료 부담이 월등히 낮습니다.

무신용장방식 보험요율은 책임금액에 따라 누진적으로 증가합니다. 즉, 중소기업의 경우 책임금액 30만 달러 이하는 0.82%(중견 1.02%), 30만 달러 초과~50만 달러 이하는 1.22%(중견 1.52%)이고 그 이상은 누진적으로 늘어납니다. 여기에 할인할증률 등 반영해서 최종요율이 산정됩니다.

보상비율은 중소기업은 손실의 100%까지, 중견기업은 95%까지입니다. 보험계약 기간은 1년입니다.

4) 단기수출보험(중소Plus+) 다이렉트플러스

단기수출보험(중소Plus+) 다이렉트플러스는 연간 수출실적 5천만 달러 이하인 중소기업 전용 보험으로, Plus+보험을 더욱 간소화하고 비대면으로 활용할 수 있게 한 것입니다. 다이렉트플러스에서는 수입자 등록절차도 생략되고 보험료만 납부하면 모든 정상적인 수출 거래에서 발생한 손실을 보상합니다. 수입자 신용조사나 개별 인수 한도 절차도 생략합니다.

수출자별 책임한도는 20만 달러, 개별 수입자별 한도는 10만 달러입니다. 보험요율은 연간으로 일반형(보상비율 95%)은 0.6%, 보장 우대형(보상비율 100%)은 0.8%입니다. 수입자가 1개면 10만 달러에, 2개 이상일 때는 20만 달러에 보험요율을 곱하면 보험료가 산정됩니다.

중소기업의 경우 보상비율이 100%인 단기수출보험(중소중견Plus+) 과 다이렉트플러스 보장우대형의 보험요율을 비교하면 각각 0.82% 대 0.80%이니 책임한도 20만 달러까지는 다이렉트플러스가 아주 미세(0.02%p)하게 유리합니다. 통상의 초보수출기업에는 수출자 한 도 20만 달러, 수입자 한도 10만 달러면 충분할 것입니다.

5%는 자신이 책임을 감수하겠다면 95%를 보상하는 일반형을 선택해서 요율을 0.6%로 낮추는 것도 좋은 전략입니다. 다이렉트플러스 일반형은 수출자 책임한도를 최대치인 20만 달러로 책정하는 경우, 예상보험료는 20만 달러에 0.6%를 곱한 1,200달러가 됩니다.

이 보험료도 나중에 설명하게 될 유관기관이나 지자체의 보험료 지원사업을 활용해서 납부하면 보험료 부담을 최소화할 수 있습니다.

5) 단기수출보험(다이렉트)

단기수출보험(다이렉트)은 중소중견기업 전용상품으로, 중견기업도 이용 대상이 됩니다. 단기수출보험(개별보험)을 간소화해서 별도의 수입자 신용조사 없이 수출신고 건별로 수출보험에 가입하고 해당 수출거래에 대한 대금 미회수위험을 담보하는 비대면 소액 간편 보험 제도입니다. 절차가 간편하고 보험료가 저렴합니다. 보험료는 유형별로 0.4%(수입자지정형), 0.6%(수입자미지정형) 수준입니다.

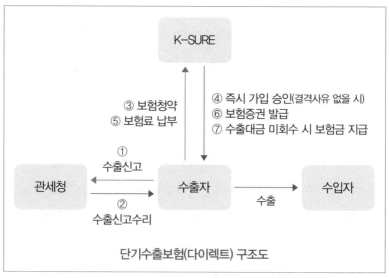

단기수출보험(다이렉트) 구조도

※ 출처 : 무역보험공사 홈페이지

청약기간(수출신고수리일 익일로부터 10일) 이내라면 수출 전후 보험 가입이 가능합니다. 연간 한두 건 소액으로 수출하는 경우 적합한 상품입니다. 일반형(수입자미지정)과 수입자지정형으로 구분되며 일반형의 수출자별 한도는 10만 달러, 수출 건별 한도는 5만 달러, 수입자지정형의 수출자별 한도 30만 달러, 수입자별 한도 10만 달러(C등급 이상은 20만 달러)입니다. 수입자지정형의 경우에는 수입자등급별 한도 우대를 받기 위해서는 수입자 신용조사가 필요할 수도 있습니다. 보상비율은 95%입니다.

보험료는 인수한도(보상한도 아님)에 보험요율을 곱해서 산정합니다. 보상비율이 95%인 다이렉트플러스의 일반형과 단기수출보험(다이렉트) 수입자미지정형의 보험요율이 같습니다. 따라서 연간 거래 건수가 적을 때는 어느 상품을 선택하든지 무방합니다.

다만 거래 바이어가 1~2개사로 많지 않다면 연 보험요율이 0.4%로 저렴한 단기수출보험(다이렉트) 수입자지정형이 가성비 높은 선택지가 될 수 있습니다. 그런데 단기수출보험(다이렉트)은 건별로 보험을 가입해야 하는 번거로움이 있습니다. 번거로운 절차를 싫어하시는 분께는 중소중견 Plus+ 또는 다이렉트플러스를 추천드립니다.

6) 초보수출자의 상품 선택

이상으로 단기수출보험과 그 운영방식에 대해 소개해드렸습니다. 많은 상품을 한꺼번에 소개해드려서 선택 장애가 발생할 수 있을 듯합니다.

중소기업이라면 거래규모와 바이어 수를 감안해서 단기수출보험(중소중견Plus+), 단기수출보험(중소Plus+)다이렉트플러스, 단기수출보험(다이렉트) 중에서 자신의 영업스타일과 성향에 맞는 상품을 선택하면 됩니다. 비싼 개별보험이나 무거운 포괄보험은 비추합니다.

먼저 거래 바이어와 거래 건수가 제법 되는데 번잡한 절차가 귀찮은 수출자에게는 단기수출보험(중소중견Plus+)을 추천드립니다. 중소중견기업이 주로 애용하는 종목입니다. 1년에 한 번 보험계약을 체결하고 보험료를 선납하면 상대적으로 넉넉한 수입자 한도(F등급 또는 미평가 바이어 한도 30만 달러)가 주어지기 때문입니다.

바이어 수가 많지는 않으나 소수 바이어와 거래가 꾸준히 이어지고 있다면 연간 1회 보험계약을 온라인으로 체결할 수 있는 단기수출보험(중소Plus+)다이렉트플러스를 추천드립니다. 거래 건수가 연간으로도 몇 건 안 되어 수출 시마다 보험을 드는 것이 그다지 부담이 안 된다면 단기수출보험(다이렉트) 수입자지정형을 추천드립니다.

이상 설명드린 보험료는 할인 전 가격이며 또한 최종요율은 할인할증률 등을 적용하면 다소 달라질 수 있습니다. 더불어 정책보험인 무역보험은 수시로 할인행사가 있고 2024년에는 코로나19 특별할인(50%) 행사를 진행합니다. 또한 중소중견기업에는 각 유관기관과 지자체에서 보험료를 지원하는 사업이 있으니 놓치지 말고 이용하시기 바랍니다. 더 자세한 내용은 추후 설명하겠습니다.

4

애니콜 신화와 함께한 무역보험

"한 발만 앞서라. 모든 승부는 한 발자국 차이다."

_전 삼성그룹 회장, 이건희

다음에 설명하는 내용은 무역보험공사에서 삼성전자 수출거래의 무역보험 가입 업무를 담당했던 A 씨의 글입니다.

삼성전자, 미국시장 공략하며 애니콜 신화를 쓰다

1997년 초 무역보험공사 A 대리(물대리가 아닌 책임자급)는 대리 승진 후 세상을 다 가진 기분이었다. 야근을 밥 먹듯이 하는 바쁜 일상이지만 의욕 또한 넘치던 때였다. 이후 팀장이나 부장 승진 때에도 첫 승진 때만큼의 감흥은 없었다.

삼성전자 B 대리와의 인연은 대리 승진과 함께 시작되었다. "삼성전자가 드디어 미국으로 휴대폰을 수출합니다. 외상거래라 무역보험에 가입하려고 합니다"라며 삼성전자 B 대리는 보험 가입 검토를 요청하는 서류를 내밀었다. 그런데 보험 요청금액이 이상했다. 당시에는 건별 인수한도 신청금액이 대기업이라도 몇십만 달러 내지 최대 몇백만 달러 수준이었는데 서류에는 'USD 600 mil'로 표기되어 있었다.

A 대리는 '관리의 삼성(삼성의 관리 문화는 이후 수차례 A 대리를 놀라게 한다. 가령 삼성 회장이 인도에 뜨게 되면 회장이 숙박하는 호텔의 TV는 삼성 TV로 교체)'에서 오타를 냈나 싶어 놀랐고, 그 수치(6억 달러)가 오타가 아니라고 해서 더 놀랐다. 더구나 당시 수입자인 스프린트(Sprint)사는 신용도 파악이 안 되는 신생기업이었다. 얼핏 보기에 무모한 계약처럼 보였다. 당시 미국 통신서비스시장에서는 AT&T, 그리고 휴대폰 시장에서는 모토롤라가 버티고 있었기에 스프린트는 마이너리티였고 미국 통신시장에서 삼성전자는 듣보잡이었다.

"미국으로 진출해야 삼성이 일류가 될 수 있습니다. 무역보험이 없으면 이 수출계약은 진행이 불가능합니다." 삼성의 B 대리는 막무가내로 매달렸다. 그리고 어이없게도 A 대리는 그 터무니 없어 보이는 수출계약서를 뜯어보고 있었다. 호기심에 미국 스프린트사에 대한 바이어 신용도를 조사해보았더니 신생기업이라 최하등급인 G등급이었다. 보험인수가 불가능한 등급이었다.

이 계약의 중요성을 간파한 A 대리는 신용조사를 다시 실시하고 무역보험공사 뉴욕지사 등에 수입자 신용도와 미국통신시장 관련 자료를 요청하면서 무역보험 인수를 검토하게 된다. 다행히 신용도

재조사 결과 스프린트사는 자본금 규모가 늘어나서 A등급으로 재평가되어 무역보험 인수심사 절차를 진행하게 된다. 1997년인 당시로서는 단기거래 초유의 초대형 수출계약이라 이사회 의결까지 거쳐서 심사절차를 마무리하게 된다.

보험계약은 삼성전자와 스프린트사 간 향후 3년간 거래할 외상거래 수출계약금액인 6억 달러에 대하여 수입자의 지급불능, 지급거절 등의 사유로 수출대금이 회수되지 못하는 경우의 손실을 보상하는 내용이었다. 물품이 한국의 삼성본사에서 미국 현지법인을 거쳐서 수입자에게 판매되는 구조(NET거래)였기에 단기수출보험(재판매거래)으로 인수하였다.

당시 우리 정부는 국내에서 세계 최초로 상용화에 성공한 CDMA 방식에서 주도권을 장악하기 위해 사활을 걸고 있었기에 세계의 표준을 좌우하는 미국으로의 CDMA 방식 휴대폰의 첫 수출은 매우 중요했다. 삼성전자로서도 뒤늦게 시작한 휴대폰 사업에서 세계시장으로 진출하기 위해서는 반드시 그 첫째 관문인 미국시장을 공략하고 또 휴대폰 시장의 절대강자인 모토롤라와 경쟁해야 했다. 리스크는 있지만 수출지원기관인 무역보험공사(무보)로서도 그 소중한 기회를 살려내야만 했다.

삼성전자는 기존의 보험계약을 갱신해가며 이후 10년간 미국시장으로 약 1억 대의 휴대폰을 판매한다. 그렇게 애니콜 신화가 탄생한다. 당당히 미국시장을 공략해서 우리 기업이 일류를 넘어 초일류기업이 되었다. 우리 기업이 세계시장을 개척하고 초일류기업이 되는 데 무역보험이 밑거름이 되었다.

코리아 팀, 인도에서 골리앗 노키아를 무너뜨리다

때로는 운명적인 만남이 있다. 스프린트 건 보험계약 후 정확히 10년 뒤인 2007년 초부터 A 씨는 3년간 인도 뉴델리에서 근무하게 된다. 거기서 삼성전자 인도 현지법인에 근무하던 B 씨를 다시 만나게 된다.

안타깝게도 그동안 삼성전자가 세계 초일류기업이 되었음에도 당시 인도 휴대폰시장에서는 존재감이 없었다. 골리앗 노키아 때문이었다. 2007년 말 인도 휴대폰시장 점유율은 노키아 72%, 삼성전자 5%였다. 노키아가 저가폰 위주로 인도시장을 공략한 탓도 있지만 더 큰 문제는 노키아의 막강한 현지 유통망이었다. 노키아가 현지 유통망을 휘잡고 있었기에 삼성은 제품경쟁력이 있어도 제대로 경쟁할 수가 없었다. 그렇다고 재무제표가 안정적이지도 못한 현지도매상들을 무작정 유통망으로 끌어들일 수도 없는 노릇이었다.

이제는 삼성전자 B 씨와 함께 인도시장 공략 방안을 마련해야 했다. A 씨도 중년의 관록 탓인지 이제는 과거의 무모함이 아니라 전문성과 세련미로 접근하게 된다. 현지진출기업을 밀착 지원하기 위해 무보는 2007년에 인도 뉴델리지사를 개소한다. 그리고 2008년부터는 현지보험사와 연계해서 프론팅보험 방식(현지보험사가 커버한 거래를 무보가 재보험으로 인수)으로 삼성전자 등 현지진출기업의 현지 외상거래를 커버하게 된다.

무보가 삼성전자 인도법인의 모든 외상판매거래를 포괄적으로 담보(포괄보험)하였기에 삼성전자는 안심하고 현지 유통망을 공격적으로 확대할 수 있었다. 그 결과 삼성전자는 단기간 내 인도에서 노키아를 무너뜨리고 시장점유율 1위로 올라선다. 저가폰 위주인 노키아로서는 인도시장은 반드시 지켜야 할 최후의 보루였다. 그 보루가 삼성전자와 무보, 우리의 연합세력에 무너진 것이다.

인도 등 신흥시장은 제품경쟁력 못지않게 현지유통망 확대가 중요하다. 그런데 이들 현지 바이어의 신용도는 대체로 취약해서 대기업이라도 공격적인 진출이 여의치 않다. 중소기업이라면 더욱 난감할 것이다. 그럴 때 삼성전자의 무역보험 활용 사례를 참고할 필요가 있다.

이상으로 애니콜 신화와 함께했던 무역보험의 사례를 소개해드렸습니다. 무역보험을 방패 삼아서 초보수출기업이 글로벌 강소기업으로 무럭무럭 자라나기를 기원합니다.

단기수출보험(선적후) 청약서
(재판매)

담당	대리	팀장	부

한국수출보험공사 단기영업부장 귀하

'97년 3월 20일

아래 수출계약상대방과의 수출거래와 관련하여 단기수출보험(선적후)을 이용하고자 다음과
같이 단기수출보험(재판매) 청약을 신청합니다.

청 약 자 京畿道水原市八達區梅灘3洞416番地 三星電子株式會社 (印) 대금수취인 京畿道水原市八達區梅灘3洞416番地 三星電子株式會社 (印)

주 소 代表理事 社 長 尹鍾龍 (印) 주 소 代表理事 社 長 尹鍾龍 (印)

대표자 / 대표자

해외지사등	상 호	Samsung Telecommunications America	대표자	Jeong Han Kim
	주 소	1130 East Arapaho Road Richardson, TX 75081, U.S.A.		
재판매처	상 호	Sprint Spectrum LP	대표자	
	주 소	4717 Grand Avenue Kansas City, Missouri 4112, U.S.A.		

L/C 개설 (확인)은행		대금지급국	U.S.A.
L/C 또는 계약서번호		수출계약일	
수출예정일	'97. 4月 말		
상 품 명	PCS (개인휴대통신)	상품코드 (HS CODE)	8 5 2 5
수출금액	₩ 600 mil.	재판매금액	₩ 600 mil.

결제 조건	수출계약	Net 120 days (변경 가능성 있음)
	재판매계약	Net 90 days

특 기 사 항	해외, 해우리 여청산 또는 기타의 사유로 인해 수출자와 현지법인 그리고 최종구매자 사이에 분쟁중인 사항은 없으며, 상호 최선을 다하자는 분위기임

삼성전자의 미국 Sprint 수출 건 무역보험청약서

※ 출처 : 저자 제공

5

영세수출자를 위한
단체보험과 보험료 지원사업

"No man is an island."
우리는 외딴 섬이 아니다

_존 던(John Donne)

단기수출보험(단체보험)

앞서 수출거래의 대금미회수위험을 담보하는 무역보험공사(무보)의 단기수출보험(선적후)을 소개해드렸습니다. 그리고 그 상품을 중소중견기업 친화적으로 만든 단기수출보험(중소중견Plus+) 역시 소개해드렸습니다. 이번에는 단기수출보험(중소중견Plus+)을 더 가볍게 만들어 협회나 지방자치단체가 소속 회원사를 대신하여 보험에 가입하는 단기수출보험(단체보험)을 소개해드립니다.

이 상품은 단체의 회원사인 영세수출기업을 수혜 대상으로 하기 때문에 구조를 더욱 간소화하고 보험료 부담을 낮추었습니다. 이 상품의 가장 큰 장점은 회원사에는 보험료 부담이 발생하지 않는다는 점입니다. 협회와 지자체 등의 단체가 보험료를 대신 부담하기 때문입니다. 다만 일부 단체의 경우에는 회원사가 10% 이내인 일부 보험료를 납부하게 하기도 합니다.

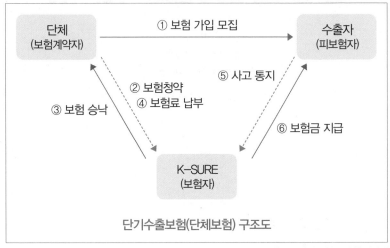

단기수출보험(단체보험) 구조도

단기수출보험(단체보험)은 단체보험이기 때문에 회원사별 연간 보험책임 한도는 10만 달러 이내로 소액입니다. 참고로 연간 수출실적 10만 달러 이하는 보험책임 한도 2만 달러입니다. 보험사고 발생 시 보상비율은 95%입니다. 회원사의 보험 가입 자격요건은 연간 수출실적 3천만 달러 이하의 중소중견기업입니다.

■ **단기수출보험**(단체보험 개요)
• 보험계약자 : 회원사(수출자)가 소속된 단체

- 피보험자 : 연간 수출실적 3천만 달러 이내이며, 무보 등급 G등급 이상 중소중견기업
- 부보대상거래 : 일반수출, 위탁가공무역, 중계무역
- 부보대상건 결제기간 : 중소 1년 이내, 중견 180일 이내
- 연간 보험책임 한도 : 2만 달러 초과~10만 달러 이하(통상 5만 달러)
- 보상비율 : 95%
- 보험기간 : 보험계약 체결일로부터 1년

■ **단기수출보험**(단체보험소액한도)
- 피보험자 : 연간 수출실적 10만 달러 이하 중소중견기업
- 연간 보험책임 한도 : 2만 달러
- 기타 조건은 단체보험과 동일하며 단체보험과 단체보험소액한도는 중복 가입 불가

연초에 소속 단체에서 회원사를 상대로 가입 회원사를 모집한 후 무보와 단체 간 단체보험 계약을 체결하게 됩니다. 회원사에서는 보험사고 발생 시 무역보험공사로 직접 보험사고 접수를 해서 보험금을 수령하면 됩니다. 수출자의 수출통지 의무는 면제되고 수입자 신용조사 절차도 생략됩니다. 회원사가 보험계약 유지를 위해서 해야 할 일은 회원사가 가입한 단체가 무보의 단체보험에 가입되어 있다는 사실을 인지하는 것과 해외 바이어로부터 수출대금을 받지 못한

경우 보험사고 통지를 하고 보험금 청구를 해서 조건에 부합되면 보험금을 수령하는 것 뿐입니다.

단기수출보험(단체보험) 가입 여부를 확인하기 위해서는 무보 홈페이지에서 단체보험 가입 단체를 검색한 후 소속 단체의 보험 가입 대상기업 리스트에 자사가 포함되어 있는지 확인해보시기 바랍니다. 단체보험 가입된 회원사는 무보 홈페이지 내 사이버 영업점에서 보험증권을 발급/조회할 수 있습니다.

단기수출보험(단체보험)은 소액 초보수출자를 위해서 단체에서 대신 보험에 가입하는 제도이니 수입자별 연간 수출금액이 5만 달러를 넘어가는 경우, 가능하면 앞서 소개해드린 상품을 이용하는 것이 좋을 듯합니다.

무역보험료 지원사업

무역협회, 농수산식품유통공사(aT), 수산무역협회 등 수출유관기관, 서울시, 부산시 등 지자체에서는 소속 중소중견 수출기업을 지원하기 위해서 매년 초 무역보험공사에 무역보험료 지원예산을 배정해서 보내줍니다.

■ **보험료 지원사업 시행 단체 리스트**(2024년 기준)
- **유관기관 등** : 대구은행 보증(험)료, 한국수산무역협회, 산림조합중앙회, 한국농수산식품유통공사, 하나은행 보증(험)료 및 해외채

권 추심대행 수수료 지원, 한국무역협회, 한국서부발전, 신한은행 보증료 지원, 국민은행 보증(험)료 지원, 우리은행 보증료 지원, NH농협은행 보증료 지원

• **지자체** : 강원도, 경기도, 경산시, 경상남도, 경상북도, 광주시, 구미시, 김제시, 김포시, 김해시, 달성군, 당진시, 대구시, 대전시, 밀양시, 부산시, 부천시, 서울시, 성남시, 세종시, 수원시, 시흥시, 아산시, 안산시, 안양시, 양산시, 오산시, 용인시, 울산시, 울주군, 원주시, 음성군, 익산시, 인천시, 전라남도, 전라북도, 전주시, 제주도, 진주시, 진천군, 창원시, 천안시, 청주시, 춘천시, 충청북도, 충주시, 충청남도, 칠곡군, 파주시, 함안군, 화성시

무역보험공사는 상기 단체와 체결한 협약에 따라 단체의 지원예산으로 단기수출보험(단체보험) 보험료를 납부하고 이밖에 단체의 회원사가 개별적으로 드는 보험(보증)의 보험(증)료를 납부합니다. 단체의 무역보험료 지원예산은 단기수출보험(단체보험), 단기수출보험(중소중견Plus+)이나 환변동보험 등도 대상이 되니 다음의 한국무역공사 사이트에서 단체별로 보험료를 지원하는 사업을 확인해보신 후 필요한 무역보험을 활용하시길 바랍니다. 기관에 따라 보증(험)료, 국외기업 신용조사비 등도 지원이 됩니다.

☞ 무보(www.ksure.or.kr) 〉 '사업안내' 〉 '보험료지원'

KOTRA나 중소벤처기업진흥공단의 수출바우처 사업에서도 무역보험공사의 보험료를 지원해주고 있으니 잘 활용하시기 바랍니다.

No man is an island, 우린 외딴 섬이 아닙니다. 서로 돕고 도움을 받아야 합니다.

6
수출채권 유동화 지원하는
무역보험 상품

"길이 없으면 길을 찾고, 찾아도 없으면 길을 닦아나가면 된다."

_현대그룹 창업주, 정주영

앞에서 수출이행자금 조달을 지원하는 무역보험공사의 수출신용보증(선적전)을 설명해드렸습니다. 또한 수출대금 미회수위험을 담보하는 단기수출보험(선적후)과 이 종목을 운영하는 여러 가지 방식인 개별보험/포괄보험, 중소중견 Plus+보험, 다이렉트플러스, 다이렉트 등을 설명드렸습니다.

이제부터는 수출(선적) 후에 수출채권을 유동화하는 보험(보증) 상품을 소개해드립니다.

1) 수출신용보증(선적후)

수출채권을 유동화한다는 의미는 수출자가 선적후 수출채권을 은행에 매각하고 은행으로부터 수출대금을 미리 당겨 받는다는 의미입니다. 은행은 이 대금을 수출채권의 만기에 수입자로부터 들어오는 결제금액으로 상환처리합니다. 은행 입장에서는 수출자에게 지급하는 수출채권 매각대금이 대출이기에 수출자에게 담보를 요구합니다. 그리고 무역보험공사의 수출신용보증서(선적후)가 그 담보를 대신하게 됩니다.

만기에 수입자로부터 돈이 들어오지 않으면 은행은 수출자에게 소구권을 행사해서 대출금을 회수하게 됩니다. 그런데 수출신용보증(선적후)에 가입한 경우라면 은행은 무역보험공사로부터 대출금과 이자를 보증비율(90% 이내)만큼은 회수할 수 있습니다. 은행입장에서는 공적기관이 보증을 섰기에 안심하고 수출자의 수출채권을 매수할 수 있습니다.

한편 특정 수출 건에 대한 수출신용보증(선적후)은 수출대금 미회수 위험을 담보하는 단기수출보험(선적후)에 의무적으로 연계 가입토록 되어 있기에 수출채권의 만기에 수입자로부터 돈이 들어오지 않아서 무역보험공사가 대출은행에 손실액을 대지급한 경우에도 수출자는 단기수출보험(선적후)에서 담보하는 부분만큼은 무역보험공사의 구상에 응할 의무가 면제됩니다. 단기수출보험(선적후)에서 담보하지 않는 차액(이자 등)만 무역보험공사(무보)에 납부하면 됩니다.

수출신용보증(선적후)은 장점이 많은 종목이나 건별로 수출내역을 통보하고 수입자 신용조사 절차를 거쳐야 한다는 번거로움이 있습니다. 가장 큰 단점은 보험료가 비싼 단기수출보험(선적후)과 의무적으로 연계되어 비용 부담(보험료+보증료)이 있을 수 있다는 점입니다. 수출거래의 결제기일이 외상거래 90 days인 경우, 수출 건별로 평균적으로 1% 이상의 비용이 발생합니다.

그런 이유로 거래규모가 크지 않은 초보수출기업에는 단기수출보험 강제 가입의무가 없어서 가성비가 높고 절차가 간편한 수출신용보증(포괄매입)을 추천드립니다. 실제로 무보의 수출채권 유동화 종목 중에서는 수출신용보증(포괄매입)이 제일 인기가 많습니다.

2) 수출신용보증(매입)

수출신용보증(매입)은 무신용장거래를 대상으로 합니다. 기본구조는 수출신용보증(선적후)과 동일해서 수출자의 거래 수입자별로 보증서가 발급됩니다. 다만 절차를 간소화해서 각 수입자별로 보증서 발급 시에 연 보증료(평균 0.8~1.0% 내외, 수출자 및 수입자 신용도에 따라 요율 차이 발생)를 납부하면 되고 단기수출보험(선적후) 연계 가입 여부는 수출자의 선택사항입니다. 연계 가입 시 비용부담이 클 수 있으니 비연계를 추천드립니다. 그 대신 수출대금미회수위험은 앞서 소개해드린 저렴한 단기수출보험상품(중소중견Plus+ 등)을 활용하실 것을 추천드립니다. 보증비율은 90% 이내입니다.

3) 수출신용보증(포괄매입)

수출신용보증(포괄매입)은 무신용장거래를 대상으로 합니다. 수출신용보증(포괄매입) 역시 보증의 기본효력은 앞의 수출신용보증(선적후)과 같습니다. 다만 포괄매입 보증은 수입자 구분 없고 수출자별로 연간 한 장의 포괄 매입 보증서를 발급하고 수출자별 보증한도에 요율(0.5% 내외, 수출자 신용도에 따라 요율 차이 발생)을 곱한 보증료를 납부하면 더 이상 수출(매입)통지 의무가 없습니다. 이 종목을 이용하기 위해서는 수출자의 KoDATA 신용등급이 B⁻ 이상이어야 합니다. 단기

수출신용보증(포괄매입, 매입, 선적후) 비교

구분	포괄매입	매입	선적후
보험계약자	금융기관		
담보위험	수출기업의 대출금 미상환 위험		수입자 미결제위험
대상거래	모든 수입자와의 대출기간(180일)이내 무신용장 통관 일반수출거래(특별한 경우 미통관 허용 가능)	1년 이내 무신용장 수출거래(일반수출, 위탁가공무역, 중계무역)	2년 이내 신용장, 무신용장 수출거래(일반수출, 위탁가공무역)
보증비율	90% 이내		
보증약정	주채무자(수출자)와 연대보증인이 약정서에 자필 서명		
단기수출보험	연계 가입 선택		연계 가입 필수
수출(매입)통지	없음		있음(금융기관 매입전 수출자가 통지)
보증서 효력	보증기간 중 대상거래 전체		대출(수출)통지된 수출거래 한정
보증료 납부	연 1회 선납		수출통지 건별납부 (선적후 매입전)

※ 출처 : 무역보험공사 홈페이지

수출보험(선적후)과 연계 가입 여부 역시 수출자의 선택 사항입니다만 비연계로 보증 가입하고 앞서 소개해드린 저렴한 단기수출보험 상품을 활용하는 방법을 추천드립니다.

단기수출보험 비연계 가입 시 보증사고가 발생해서 무역보험공사가 은행에 대위변제를 하면 무보는 수출자에게 구상권을 행사하게 됩니다. 이용절차가 가장 간단하고 보증료가 저렴하다는 것이 이 종목의 장점입니다. 보증비율은 90% 이내입니다. 이 종목은 포괄보증이기에 이 종목과 다른 선적후 보증은 동시 가입할 수 없습니다.

바이어별 거래규모가 크지 않은 초보수출기업에는 가성비 높고 이용절차가 간편한 수출신용보증(포괄매입) 종목을 추천드립니다.

4) 단기수출보험(포페이팅)

초보수출기업이 수출채권을 유동화할 때는 수출신용보증(포괄매입)이나 수출신용보증(매입)이 유용한 상품입니다. 그런데 이들 상품은 무신용장방식 거래만을 대상으로 합니다. 신용장방식이라면 앞서 소개드린 수출신용보증(선적후)을 활용하면 됩니다. 그런데 수출신용보증(선적후)은 비싼 단기수출보험(선적후)과 연계 가입해야 해서 보험(증)료가 부담이 될 수도 있습니다.

이 경우에는 은행에서 신용장방식 수출채권을 근거로 비소구 조건으로 매입외환 대출을 받을 때 공사가 보증을 제공하는 단기수출보험(포페이팅)을 활용하면 됩니다. 이때는 보험료가 수출신용보증(선적후)보다 저렴합니다. 다만 단기수출보험(포페이팅)을 이용하려면 개설은행의 순자산이 1천만 달러 이상이 되어야 합니다.

'수입국 신용도 4등급 이상 & 개설은행 순자산 규모 3억 달러 이상'이면 자동한도가 부여될 수 있고 그 외에는 건별로 한도 승인을 받아야 합니다. 단기수출보험(포페이팅)의 대상 거래는 Usance L/C 거래로, 개설은행이 인수통보(Advice of Acceptance)를 보내온 건에 한해서 무보의 보험 책임이 발생합니다.

수출채권 유동화 이용한 대출 사기는 절대 금물

이상으로 무역보험공사의 수출채권 유동화 지원상품을 소개해드렸습니다. 이들 상품은 중소중견기업이 조기에 수출채권을 유동화할 수 있도록 이용절차를 간소화한 것이 특징입니다. 그런데 간혹 일부 수출자가 이런 절차 간소화를 악용해서 유령의 수출계약을 체결한 후 수출채권을 유동화해서 거액의 자금을 편취하는 수출 사기가 발생하기도 합니다. 이런 거액의 수출 사기도 초기에는 회사가 일시적으로 유동성이 부족할 때 임시방편으로 소액으로 시작했을 것입니다. 그러나 바늘도둑이 소도둑 되기는 쉬운 법입니다.

수출 사기는 우리나라 수출금융에 큰 후유증을 남깁니다. 이런 사기 사건이 발생하면 보증기관인 무역보험공사는 은행에 대출 시 서류심사를 꼼꼼히 하라고 요구하고, 은행은 서류불일치 시 면책이 두려워서 무역보험공사의 보증서를 담보로 하는 대출을 꺼리게 되어 수출금융이 전반적으로 위축되는 결과를 초래합니다. 이로 인해 결국 우리나라 수출중소중견기업들이 보증 지원을 받지 못해 수출을 하지 못하거나 자금상의 애로를 겪게 됩니다.

그러니 아직 선적을 하지도 않았는데 서류를 위조해서 수출금융을 당겨 쓰거나, 수출서류를 위조하거나, 수출가격을 뻥튀기하는 식의 수출 사기는 아무리 작은 금액이라도 절대로 허용될 수 없다는 점을 유념하여 주시기 바랍니다.

신용은 모든 거래의 시작과 끝입니다. 수출 사기는 절대 해서는 안 됩니다.

7
전략자원 수입자금 조달 및 리스크 관리

"천부적인 재능이 없다고 비관할 필요는 없다.
재능이 없다고 생각이 든다면 그것을 습득하면 된다."

_프리드리히 니체(Friedrich Nietzsche)

지금까지 수출을 지원하는 금융상품을 소개해드렸습니다. 그리고 수출용 원자재의 수입 시 자금 조달을 지원하는 수출신용보증(선적전)도 앞에서 설명드렸습니다. 이제부터는 주요 전략자원을 수입하는 데 필요한 자금 조달을 지원하거나 수입 리스크 관리를 지원하는 금융상품을 소개해드립니다.

수입보험은 수입보험(수입자용), 수입보험(금융기관용), 수입보험(글로벌공급망)으로 나뉩니다.

수입보험(수입자용)

수입보험(수입자용)은 원유, 가스 등 주요 전략물자의 장기안정적 확보를 위하여 국내수입기업이 선급금 지급조건 수입거래에서 비상위험 또는 신용위험으로 인해 선급금을 회수할 수 없게 된 경우에 발생하는 손실을 보상하는 제도입니다.

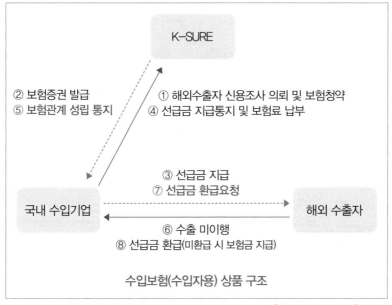

※ 출처 : 무역보험공사 홈페이지

■ **대상거래**

다음의 주요자원과 시설재를 선급금 지급 후 2년 내 선적한 수입거래

o 주요자원 : 철, 동, 아연, 석탄, 원유 등

o 시설재 : 관세법 제95조 제1항 제3호의 공장자동화 물품, 관세법 제90조 제1항 제4호의 산업기술연구·개발용 물품

■ **이용요건**

○ 보험계약자(수입자)

- K-SURE(무보) 신용등급 F등급 이상 제조업체
- K-SURE 신용등급 E등급 이상 비제조업체 중 공사의 추가요
  건을 모두 충족하는 업체

○ 수입계약 상대방

K-SURE 신용등급 D등급 이상(보험계약자가 비제조업체일 경우 추가
요건 충족 필요)

수입보험(금융기관용)

수입보험(금융기관용)은 원유, 가스 등 주요 전략물자의 장기안정적
확보를 위하여 금융기관이 주요자원 및 물품 등의 수입에 필요한 자
금을 수입기업에 대출(지급보증)한 후 대출금을 회수할 수 없게 된 경
우에 발생하는 손실을 보상하는 제도입니다. 국내은행과 K-SURE
간에는 수입보험 계약을, 국내수입자와 K-SURE 간에는 구상약정
을 체결합니다.

■ **지원대상**

다음의 물품 수입거래(중계무역 제외)를 위한 대출기간 1년 이내인
수입자금 대출계약

○ 주요자원 : 철, 동, 아연, 석탄, 원유 등

○ 시설재 : 관세법 제95조 제1항 제3호의 공장자동화 물품, 관세법

　 제90조 제1항 제4호의 산업기술연구·개발용 물품

■ **이용요건**

○ 보험계약자 : 수입자금을 대출한 금융기관

○ 수입자 : K-SURE 신용등급 F등급 이상

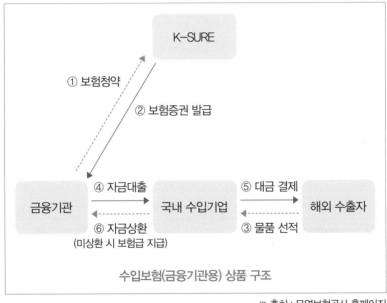

수입보험(금융기관용) 상품 구조

■ **이용 사례(예시)**

A사는 최근 급등한 수입제품(주요자원) 가격 상승에 따른 수입금융

한도 부족으로 수입보험(금융기관용)을 이용함으로써 한도를 증액하고자 무보에 인수한도 1백만 달러를 신청

수입보험(글로벌공급망)

수입보험(글로벌공급망)은 금융기관이 소부장·뿌리·방위산업을 영위하는 중소중견기업에 수입에 필요한 자금을 대출(지급보증)한 후 대출금을 회수할 수 없게 된 경우에 발생하는 손실을 보상하는 제도입니다.

■ 대상거래

대출기간 1년 이내의 수입자금 대출거래. 단, 내국신용장, Standby L/C 등 해외로부터의 물품수입과 관련이 없는 대출, 중계무역 수입을 위한 대출, 일부 물품의 수입을 위한 수입자금 대출은 부보 대상이 아닙니다.

■ 이용요건(채무자)

○ K-SURE 신용등급 E등급 이상의 소부장·뿌리·방위산업 영위 중소중견 제조업체
  - 소부장산업 : 업종해당 또는 인증서* 보유
    * 소재·부품·장비 특화선도기업(으뜸기업), 전문기업, 강소기업(강소기업 100+), 창업기업(스타트업 100)

- 뿌리산업 : 업종해당 또는 인증서* 보유

　* 뿌리기업, 뿌리기술 전문기업

- 방위산업 : 방위사업법에 따른 방위산업체, 일반업체 등

이상으로 수입보험제도를 소개해드렸습니다. 무보의 수입지원제도로는 수입보험 외에 이후 소개해드릴 환변동보험(수입거래)이 있습니다. 두 종목의 지원대상 거래는 동일합니다.

8

K-푸드 농수산물 수출의
리스크 관리

"유리하다고 교만하지 말고, 불리하다고 비굴하지 말라.
무엇을 들었다고 쉽게 행동하지 말고,
그것이 사실인지 깊이 생각하여 이치가 명확할 때 과감히 행동하라.

_《불경》

한류의 확산으로 최근 K-푸드가 전 세계인의 입맛을 사로잡으며 각광을 받고 있습니다. 2023년 김 수출이 1조 원에 달했다고 하니 놀라운 일입니다. 그런데 농수산물 수출 시에는 일반상품보다 더 많은 리스크에 노출됩니다. 통상의 수출대금 미회수위험 뿐 아니라, 수입국에서 검역을 요구하는 경우가 있어서 검역비용이 추가될 수도 있고 수출물품의 특성상 클레임도 있을 수 있습니다.

무역보험공사의 단기수출보험(농수산물패키지)으로 이런 위험들을 종합적으로 커버할 수 있습니다. 단기수출보험(농수산물패키지)은 한 개의 보험증권으로 농수산물 수출 시 발생하는 대금미회수위험, 수입국 검역비용위험, 클레임비용위험 등 여러가지 위험을 한 번에 보장하는 농수산물 수출기업용 맞춤 상품입니다.

농수산물의 정의

약관상 '농수산물'이란 농업, 임업, 수산업 및 축산업에 따라 생산된 물품(HS 제1류부터 제24류에 해당)으로, 신선 농수산물과 가공 농수산물을 모두 포함합니다. HS코드의 류는 맨 앞의 두 자리 수입니다.

담보하는 위험

담보하는 위험은 보험계약자의 선택에 따라 대금미회수 위험만 커버(필수)할 수도 있고, 선택 위험인 수입국검역비용이나 무역클레임 비용 위험을 추가할 수도 있습니다. 또한 담보위험별 책임금액을 고객이 자유롭게 설정할 수 있습니다. 하지만 이는 검역이나 무역 클레임 처리에 따른 비용을 보상하는 것이지 검역 실패나 정당한 무역 클레임 제기에 따른 손실을 보상하는 건 아니라는 점 명심하시기 바랍니다.

담보하는 위험은 보험증권 효력기간(1년간) 중 등록된 수입자와의 수출거래에서 발생한 담보위험의 손실을 보상합니다. 거래할 수입자는 미리 등록을 해야 하고 보험증권 효력 개시 후에 더 추가할 수도 있습니다.

■ 대금미회수위험

수입국 비상위험 또는 수입자 신용위험으로 인한 대금미회수위험을 담보합니다.

■ 수입국 검역비용

보험계약자가 농수산물 수출과정에서 수입국의 검역절차로 인해 발생하는 비용을 보상합니다. 보험계약기간 중 수출한 물품에 대해 수입국 검역과정에서 소독비용 및 폐기비용이 발생할 경우 책임한도 범위 내에서 보험금이 지급됩니다. 소독비용 및 폐기비용은 실제 지급된 비용을 기준으로 합니다.

실제로 농산물패키지보험에서 수입국 검역비용으로 인한 보상은 많이 이루어지고 있습니다. 농산물이 한국에서 수출할 때와 현지에 도착할 때의 상태가 달라져서 추가 검역 및 소독이 필요한 경우가 많기 때문입니다.

■ 무역클레임비용

담보대상 무역클레임이란 보험계약기간 중 선적이 이루어진 수출거래에서 발생한 클레임을 말하며, 다음 각 호의 조건을 충족하여야 합니다.

1. 수출대금 결제만기일 이내에 제기된 클레임
2. 무신용장거래의 경우 물품의 품질 및 수량 문제로 제기된 클레임
3. 신용장거래의 경우 신용장 조건 불일치를 이유로 신용장개설은행이 하자 통보한 경우

보상하는 무역클레임비용은 다음 각 호의 비용을 말합니다. 다만 법령을 위반하여 수출한 경우나, 결제만기가 지나서 제기된 클레임 비용은 보상하지 않습니다.

1. 클레임의 정당성을 판단하기 위하여 공신력 있는 기관에 품질조사 등을 의뢰할 경우 해당기관에 지급하는 비용
2. 클레임을 대한상사중재원 또는 해외중재기관의 중재 및 조정으로 해결할 경우 해당기관에 납부해야 하는 중재 및 조정비용
3. 클레임을 국내외의 법정소송을 통하여 해결할 경우 법원에 납부하여야 하는 소송비용 및 변호사 비용
4. 클레임이 제기된 물품을 선적지로 재수입하거나 제3의 수입자에게 전매할 경우 소요되는 운송비의 50%
   - 운송비는 운송서류상 선적지로부터 도착지까지의 운송비용을 말합니다.
   - 재수입 및 전매 시 소요되는 운송비는 수출 시 소요된 운송비를 최대한도로 합니다.
   - 재수입 및 전매물품은 반드시 수출물품과 동일한 물품이어야 하며 보험계약자는 이를 입증하는 서류인 선적서류 및 관세관련 서류 등을 제출하여야 합니다.
5. 제4호에 의한 수출물품의 재수입 또는 전매 시 발생되는 수출물품의 수입국 현지 창고보관 비용의 50%. 다만 최대 보상기간은 2개월로 합니다.

개별 수출거래에 지급되는 무역클레임비용 보험금은 수출금액의 50%를 초과할 수 없습니다.

보험책임금액

보험증권 효력기간은 1년이며, 보험책임금액은 보험증권 효력기간 중 담보위험별로 보상하는 최대한도로 아래의 범위 내에서 한도를 정해서 가입할 수 있습니다.

- 대금미회수위험 : 1억~3억 원(보상비율 100%)
- 검역비용 : 1백만~1천만 원(보상비율 100%)
- 클레임처리비용 : 1천만~5천만 원(보상비율 50~100%)

보험료

보험료는 담보위험별 책임금액에 담보위험별 보험요율을 곱한 후 담보위험별 보험료를 더해서 산정합니다.

- $\sum$ (책임금액×보험요율)

  ※ 연 1회 선납

담보위험별 기준요율은 다음과 같습니다. 최종요율은 기준요율에서 가감될 수 있습니다.

- 대금미회수위험 : 무신용장거래 2%, 신용장거래 0.3%

- 검역비용 : 4%

- 클레임비용 : 0.7%

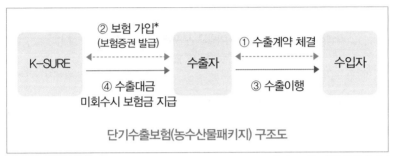

단기수출보험(농수산물패키지) 구조도

* 대상수입자 등록/보험료 납부   ※ 출처 : 무역보험공사 홈페이지

수출자 신용조사를 의뢰한 후 신용등급이 나오면 보험을 청약하고, 연간 보험료를 선납하면 보험증권이 발급됩니다. 수입자 신용조사 절차는 생략합니다.

보험료 지원사업

매년 농수산식품유통공사(aT)와 수산무역협회에서는 무역보험료를 90%까지(환변동보험료는 95%까지) 대납해주는 보험료 지원사업을 진행하고 있습니다. 수출자별 보험료 지원한도가 aT는 1억 원, 수산무역협회는 6천만 원으로 적지 않으니 농수산물 수출기업이라면 필히 보험료 지원 신청을 하시기 바랍니다.

9

발주처가 요구하는
수출보증서 발급

———

"공자께서 말씀하시었다.
가난하면서 원망이 없기는 어렵고, 부자이면서 교만이 없기는 쉽다."

子曰 貧而無怨 難 富而無驕 易

_《논어(論語)》

건설업체나 플랜트 건설기업이 해외프로젝트 입찰에 참여할 때, 또는 입찰에 성공해서 수출계약을 체결할 때는 해외 발주처에서 입찰보증서, 계약이행보증서, 선수금환급보증서 등 수출보증서를 요구합니다. 이들 보증서는 국내외 은행에서 발급하는데 수출자가 계약상의 의무를 제대로 이행하지 못하는 경우 그 손실을 보증서를 발급한 은행에서 대신 책임지게 됩니다.

은행이 수출보증서를 발급할 때는 수출자의 신용도를 엄밀하게 심사하고 통상 담보를 요구하게 됩니다. 이런 경우 은행이 수출보증서를 발급할 때 담보를 대신해서 사용할 수 있는 것이 무역보험공사(무보)의 수출보증보험 증권입니다.

이하에서는 수출보증서와 무보의 수출보증보험제도에 대해서 소개해드립니다. 무보의 수출보증보험 관련 내용은 무보 홈페이지 제도 설명 자료에서 인용했습니다.

1) 수출보증서

수출거래와 관련하여 발행되는 보증서로서 보증수익자(수입자 또는 발주자)가 수출보증서에 기재된 조건에 따라 단순히 지급을 요청하면 보증서 발행기관은 보증서에 정해진 금액을 수출계약과 독립적으로 지급을 하게 됩니다.

이행성 수출보증서의 종류

이행성 보증은 발주자(수익자)가 확보하려는 이행 단계에 따라 입찰보증, 계약이행보증, 선수금환급보증, 유보금환급보증, 하자보수보증 등으로 분류됩니다.

■ **입찰보증(Bid Bond)**

입찰방식 거래에 있어서 입찰참가자(Bidder, Tender)가 낙찰된 후 계약 체결에 응하지 않거나 계약 체결 후 일정기간 내에 계약이행보증서를 제출하지 못하는 경우 발주자가 지급청구를 가능하게 하는 보증서로, 보증금액은 통상 입찰금액의 1~2% 수준

■ **계약이행보증(Performance Bond)**

산업설비수출계약이나 해외건설공사계약을 체결한 수출자가 계약상의 의무이행을 하지 않음으로써 발주자(수입자)가 입게 되는 손해를 보상하기 위해 발행하는 보증서로, 통상 보증금액은 계약금액의 5~10% 수준

■ **선수금환급보증(Advanced Payment Bond)**

수출자가 선수금 수령 후 수출이행을 하지 않는 경우에 수령한 선수금에 대한 반환청구를 할 수 있는 보증서

■ **유보금환급보증(Retention Bond)**

기성고방식의 수출거래에 있어서 발주자(수입자)는 각 기성단계별로 기성증명에 의해서 공사 기성대금을 지급하게 하되 기성대금 중 일부(약 10% 정도)를 수출자의 완공불능위험에 대비하기 위해 유보하게 되는데 수출자가 유보금에 해당하는 금액을 유보 없이 받기 위해서 제출하는 보증서

■ **하자보수보증(Maintenance Bond)**

산업설비의 설치 또는 해외건설공사 완료 후 일정기간(통상 6개월에서 2년) 완공설비나 건물 등에서 발생하는 하자발생에 따른 손실을 담보하기 위해 발행하는 보증서

직접보증과 간접보증

수출자의 거래은행이 발주자에게 직접 보증서를 발급하기도 하고, 발주자 측 은행이 발급한 수출보증서를 복보증하는 간접보증 형태를 취하기도 합니다.

■ 직접보증

지시당사자(수출자)의 보증 의뢰에 따라 보증인(수출자 거래은행)에 의해서 수익자(발주자)에게 발급되는 보증서

■ 간접보증

수익자(발주자)가 해외에 있는 보증인(수출자 거래은행)의 신용을 믿지 못하는 경우 또는 수익자의 현지법률상의 제한 등으로 자국 또는 제3국 소재의 은행을 보증인으로 지정해서 수출보증서를 받되 이 수출보증서를 수출자의 거래은행이 복보증(Counter-Guarantee)하는 형태의 보증서. 이때 수출자 소재국 은행이 발행한 복보증에 대해서 무역보험공사는 수출보증보험으로 커버 가능

2) 수출보증보험

수출보증보험 개요

금융기관이 수출거래와 관련하여 수출보증서를 발행한 후 수입자(발주자)로부터 보증채무이행청구를 받아 이를 이행함으로써 입게 되

는 금융기관의 손실을 보상하는 제도입니다. 국제거래 시 수입자(발주자)는 수출자의 수출이행에 대한 담보로서 수출자로 하여금 금융기관의 수출보증서를 제출하도록 요구합니다.

수출보증보험은 수출보증서를 발행한 금융기관이 보증수익자(수입자 또는 발주자)로부터 보증채무이행청구(Bond-Calling)를 받아 대지급하는 경우에 입게 되는 손실을 보상함으로써 수출자가 수출보증서를 용이하게 발급받을 수 있게 하는 수출지원제도입니다.

수출보증보험 상품구조

■ 금융기관용 : 보험계약자가 보증서 발행 금융기관인 경우

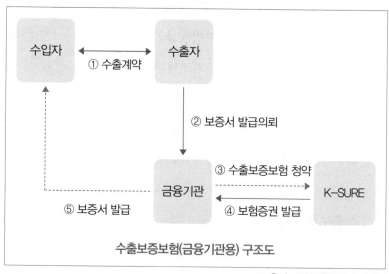

수출보증보험(금융기관용) 구조도

※ 출처 : 무역보험공사 홈페이지

■ 수출자용 : 보험계약자가 수출기업인 경우

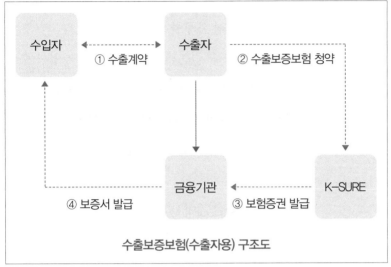

수출보증보험(수출자용) 구조도

※ 출처 : 무역보험공사 홈페이지

보험 가입 대상 거래

• 해외건설촉진법의 규정에 의한 해외공사

• 대외무역법에서 정한 수출(다만 중계무역, 외국인도수출 제외)

• 기타 서비스·용역 수출

담보위험

• 정당한 보증채무이행청구(Fair Calling)

  보증채무이행청구의 사유가 수출기업의 채무불이행에 근거한
  경우

• 부당한 보증채무이행청구(Unfair Calling)

　보증채무이행청구가 다음의 하나에 해당하는 경우

　① 수출기업이 수출계약상 채무를 이행한 경우

　② 수출기업에 책임지울 수 없는 사유로 인해 수출기업이 수출
　　계약상 채무의 내용에 따른 이행을 하지 않거나 또는 이행할
　　수 없는 경우로서 수출계약 자체에서 그로 인한 채무불이행
　　의 책임을 수출기업이 부담하지 않기로 정한 경우

주요 계약 내용

• 내용보험가액 : 수출보증서상에 표시된 보증금액

• 보험금액 : 보험가액×부보율(100% 이내)

• 지급보험금 : 손실액×부보율

보험료

보험료는 보험금액에 수출기업 등급 및 보험 기간에 따라 결정

수출보증보험 이용조건

　원칙상 국내수출자와 해외 바이어(발주자)의 무보 신용등급이 F등
급 이상인 경우 보증서 발급이 가능합니다. 수출자별 보증보험 인수
한도를 책정한 후 동 인수한도 범위 내에서 수출계약 건별로 보증보
험청약이 가능합니다. 다만 보증책임한도가 1백만 달러 미만인 경

우에는 인수한도 책정절차가 생략되고 바로 보증보험청약이 가능할 수도 있습니다.

　보증서 보증금액이 수출계약금액의 30%를 초과하는 경우에는 보증보험 증권 발급이 제한을 받을 수도 있습니다. 또한 양도 가능 문구가 있는 수출보증서에 대해서는 보험인수가 제한될 수도 있으니 보증보험 이용 시 미리 무보 담당자와 상의가 필요합니다.

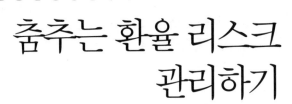

6장

춤추는 환율 리스크
관리하기

•

"바다는 같은 모습을 보이지 않는다. 오늘은 오르고, 내일은 내린다.
바다를 보며 굴곡 있는 인생이 무조건 나쁘지 않다는 걸 배운다.
바다에 거친 파도와 잔잔한 물결이 일상이고 필요한 것처럼
삶도 그러하다."

_로랑스 드빌레르(Laurence Devillairs), 《모든 삶은 흐른다》

1

수출입 거래의 환리스크

"적을 알고 나를 알면 백번 싸워도 위태롭지 않고,
적을 알지 못하고 나를 알면 승리의 확률은 반이며,
적을 알지 못하고 나도 알지 못하면 싸울 때마다 반드시 위태롭다."
知彼知己 百戰不殆 不知彼而知己 一勝一負 不知彼不知己 每戰必殆

_《손자병법(孫子兵法)》

미국의 고금리 정책으로 인해 2024년 상반기에 미달러화 환율은 1,300원대를 지속하고 있습니다. 환율 측면에서는 수출자에게 제법 괜찮은 상황입니다. 이 상태가 향후에도 지속된다면 얼마나 좋을까요? 과연 그럴 수 있을까요?

환율 변동성

역사적으로 보면 환율의 추이는 변화무쌍했습니다. 2000년대 초반 900원대로 추락한 환율은 금융위기로 순식간에 1,500원대로 급등하기도 했고, 이는 또다시 1,000원대로 낮아졌다가 2024년 상반기 다시 1,300원대로 치솟았습니다. 환율은 이제까지 변화무쌍했고 앞으로도 그럴 것입니다.

오른 환율은 언제든 내릴 수 있고, 내린 환율은 언제든 다시 오를 수 있습니다. 환율을 결정하는 요인들이 계속 변하고 있고 우리나라 경제는 개방경제라 국제환경 변화에 큰 영향을 받기 때문입니다.

환율의 의미

우리나라 입장에서 환율은 '외화 1단위와 교환되는 원화의 양'을 의미합니다. 달러로 예를 들면 달러라는 상품 하나를 사거나 파는 데 적용되는 원화표시 가격입니다. 환율을 표기하는 국제 표준은 기준통화(Base Currency)가 앞에 오고 '/' 기호 뒤에 상대통화(Counter Currency)를 씁니다. 그리고 기준통화 1단위당 상대통화의 양을 기준/상대 통화의 환율이라고 합니다.

달러와 원화를 예로 들면 USD/KRW은 달러/원 환율입니다. '/'를 빼고 USD KRW로 표기하기도 합니다. 그리고 국제표기는 아니지만 언론 등에서는 '달러/원'을 편의상 '원·달러', '원 달러', '원달러', '원/달러' 등으로 표기하기도 합니다. 우리나라에서는 외국통화가 기준통화, 원화가 상대통화가 됩니다. 엔화 환율(JPY/KRW)은 편의상 엔화 1단위가 아닌 100단위 기준으로 원화로 표기합니다. 국제표기에서 거의 모든 경우에 달러가 기준통화가 되지만 유로화(RUR)와 파운드화(GBP)는 미달러(USD)에 대해 기준통화로 표기합니다. 그러니 EUR/USD는 유로화 1단위당 달러의 양을 의미합니다.

환율에는 은행이 고객으로부터 외환을 매수할 때(고객이 은행에 팔

때) 적용되는 매입률(Bid Rate), 은행이 고객에게 외환을 팔 때 적용되는 매도율(Offered Rate)이 있고, 이 중간을 매매기준율이라고 합니다. Offered Rate와 Bid Rate의 차이를 Spread(환율 스프레드)라고 하고 이것이 은행의 환거래 수익이 됩니다. 은행은 통상 Bid Rate/Offered Rate, 예를 들면 1,290.xx/1,310.xx로 환율을 고시합니다.

한편 무역거래에서 수출입대금을 환전할 때 적용되는 환율은 전신환율입니다. 수출자는 수출대금이 들어오면 전신환 매입율로 은행에 달러를 팔게 되고, 국내 수입자는 전신환 매도율로 은행으로부터 달러를 사서 수입대금을 결제하게 됩니다.

환율 상승과 하락의 의미

달러화 1단위의 가격(환율)이 1,300원에서 1,200원으로 떨어지면 이는 달러화의 가치 하락, 원화의 가치 상승을 의미합니다. 반대로 환율이 1,300원에서 1,400원으로 올라가면 이는 달러화의 가치 상승, 원화의 가치 하락을 의미합니다.

환리스크

수출과 수입에는 여러 가지 리스크가 따릅니다. 수출하고 돈을 못 받는 것도 리스크이지만 돈을 수출계약대로 받았는데도 환율이 급락해서 원화로 환산한 수출대금이 줄어들어서 손해를 볼 리스크도 있습니다. 수입거래에서는 수입계약을 체결하고 대금을 결제하려고

할 때 환율이 처음 예상보다 급등하면 원화로 환산한 수입대금이 늘어나서 손실을 볼 수 있습니다.

이처럼 장래에 환율이 오르거나 내려서, 즉 '환율의 변동으로 발생하는 위험'을 '환리스크'라고 합니다. 앞서 예로 든 환율의 변동으로 원화로 환산한 수출대금이 줄어들거나 수입대금이 늘어날 리스크는 환리스크 중 '거래환리스크'라고 합니다. 그리고 환율 하락으로 외화 표시 수출단가를 올려서 거래물량 감소로 영업이익이 줄어드는 것처럼 예상치 못한 환율변동으로 판매량, 판매가격, 원가 등이 영향을 받아서 현금흐름 및 영업이익에 영향을 미칠 리스크를 '영업환리스크'라고 합니다.

결산시점에 환율 변동으로 외화표시 자산 및 부채의 가치가 달라지는 리스크를 '환산환리스크'라고 합니다. 초보수출기업이라면 우선 거래환리스크를 고려해서 환헤지를 하되 영업환리스크도 염두에 둘 필요가 있습니다.

환리스크 관리 필요성

수출자는 수출계약 체결 시 그 당시의 환율을 기준으로 대략적으로 원가분석을 해서 수출가격을 결정하게 됩니다. 이후 원자재를 구매해서 수출할 물품을 제조하거나 완제품을 구매해서 수출을 이행하게 됩니다. 수출계약 조건에 따라 수출대금을 선수금으로 받거나 선적 즉시 받기도 하지만, 대부분의 경우 외상결제조건으로 선적후

60~90일 이후에 달러화로 수출대금을 받게 됩니다.

어느 수출자가 환율이 달러당 1,000원일 때 수출물품을 100달러에 수출하는 계약을 체결한 경우, 당시 환율기준으로 예상수출 이익이 5%라고 가정해보겠습니다. 이후 수출대금을 수령할 때에 다행스럽게 환율이 1,100원으로 오르면 수출자의 수출이익은 대략 15%로 늘어나게 되니 좋은 일입니다. 그런데 불행하게도 환율이 900원으로 떨어지면 수출자는 수출하고도 수출이익률은 대략 -5%로 손실을 기록하게 됩니다. 환율이 더 하락하면 수출자는 그 손실을 감당하지 못하고 큰 어려움을 겪거나 자칫 유동성 위기에 빠질 수도 있습니다. 환리스크를 관리해야 하는 이유입니다.

100번 싸워서 50번 이기는 것보다, 100번 모두 지지 않는 百戰不殆(백전불태)가 훨씬 가치 있는 일입니다. 《손자병법》에 따르면 수출하고 한 번은 15%, 또 한 번은 -5%의 이익률을 기록하는 것보다 두 번 모두 5%의 안정적인 이익률을 기록하는 것이 나은 경영전략입니다.

2
환율에 영향을 미치는 요인

"지금 이 인생을 다시 한 번 완전히 똑같이 살아도 좋다는 마음으로 살라."
_프리드리히 니체(Friedrich Nietzsche)

향후 1년 뒤의 주가를 예측하는 일과 금리를 예측하는 일, 환율을 예측하는 일 중 어느 것이 가장 어려울까요? 저는 환율 예측이 가장 어렵다고 생각합니다. 환율에 영향을 미치는 요인이 너무도 많고 각각의 요인들이 미치는 영향도 상황에 따라 들쭉날쭉하기 때문입니다. 예를 들어 미국의 주가가 오르면 한국의 주가도 오를 확률이 높고, 미국의 금리가 오르면 한국의 금리도 오를 가능성이 높지만 환율은 상대적인 수치라 미국의 경제사정이 호전되면 대미달러 환율이 오를지 내릴지는 예측하기 어렵습니다.

경쟁적인 시장경제에서 상품의 가격은 상품에 대한 수요와 공급이 만나는 지점에서 결정됩니다. 이후 공급이 늘어나면 가격은 하락하고 공급이 줄어들면 가격은 상승합니다. 수요가 증가하면 가격이 상승하고 수요가 감소하면 가격은 하락합니다. 달러화(외화) 또한 마찬가지입니다. 달러화의 공급이 증가하면 달러화의 가격인 환율은 내려가고, 달러화의 공급이 줄어들면 환율은 상승합니다. 달러화의 수요가 증가하면 환율은 상승하고, 달러화의 수요가 감소하면 환율은 하락합니다.

그럼 달러의 공급과 수요에 영향을 미치는 요인들을 살펴보겠습니다. 해당 요인으로는 경상수지, 외국인 투자, 통화량, 이자율, 통화선호도, 경제성장률, 지정학적 요인 등이 있습니다.

■ 환율에 영향을 미치는 요인 – 국제수지 요인

일정기간(통상 1년) 한 나라가 외국과 행한 경제적 거래를 종합적으로 나타낸 표를 국제수지표라고 합니다. 국제수지는 크게 보아 경상거래를 기록한 경상수지와 자본거래를 기록한 자본수지 그리고 직접투자·포트폴리오 투자·기타 대출 금융거래 등을 기록한 금융거래로 분류됩니다(IMF의 신분류법에 따름). 이 중 환율에 큰 영향을 미치는 항목은 경상수지와 외국인 투자입니다. 신분류법에 따라 자본수지의 영향력은 미미해졌습니다.

국제수지가 플러스면 한나라가 보유한 외화가 늘어나서 환율이 하락 압력을 받게 되고, 국제수지가 마이너스면 보유하고 있는 외화가 줄어들어 환율은 상승 압력을 받게 됩니다.

■ 환율에 영향을 미치는 요인 - 경상수지

경상수지는 한 나라의 대외거래 건전성을 대표하는 지표로, 외환의 수급에 영향을 미치는 가장 중요한 요인입니다. 경상수지란 국제 간 거래에서 경상적 거래에 관한 수지(상품수지, 서비스수지, 본원소득수지, 이전소득수지)를 말합니다.

상품수지는 상품의 수출과 수입의 차이에서 발생하는 수지를 말합니다. 서비스수지에는 운수, 여행, 통신서비스, 보험서비스, 특허권 등 사용료, 사업서비스, 정부서비스, 보험서비스, 기타 서비스 등의 항목이 포함됩니다. 본원소득은 우리나라 국민이 해외에서 1년 미만 단기로 일하며 받은 급료, 임금과 투자소득과 해외투자로 벌어들인 배당금 및 이자를 말합니다. 이전소득은 거주자가 비거주자로부터 무상으로 받는 금전거래를 말합니다.

경상수지가 흑자(+)라면 경상적 거래에서 벌어들인 외화가 지급한 외화보다 많아 외화공급이 외화수요보다 많아 환율(달러 가격)은 하락합니다. 반대로 경상수지가 적자라면 벌어들인 외화보다 지급한 외화가 많아 환율은 상승합니다. 우리나라가 거액의 경상수지 흑자를 기록한 2000년대 초반에는 환율이 낮은 수준을 기록했고, 경상수지 적자를 기록한 2023년에는 환율이 높은 수준을 기록했습니다.

■ 환율에 영향을 미치는 요인 - 외국인 투자

외국인 투자(주식·채권 등)도 달러 수급에 영향을 미칩니다. 외국인이 우리나라 주식에 투자(매수)하면 국내로 유입되는 달러가 많아져 달러 공급이 증가하므로 환율은 하락합니다. 외국인이 국내 보유주식을 팔고 달러를 매수하면 환율은 상승합니다.

외국인 투자는 대개 경상수지와 궤를 같이하는 경우가 많습니다. 경상수지가 흑자를 기록하면 외국인들이 우리나라 경제를 좋게 보고 국내 주식이나 채권에 투자하기 때문에 유입되는 달러가 증가하여 환율이 하락 압력을 받게 됩니다. 반대로 대규모 경상수지 적자를 기록하면 외국인들이 국내 주식이나 채권을 팔고 달러로 바꾸어 빠져나가기 때문에 환율은 더욱 상승합니다. 따라서 환율의 동향을 파악하고자 할 때는 특별한 경우가 아니라면 경상수지에 주목하는 것이 좋습니다.

■ 환율에 영향을 미치는 요인 – 통화량

상품과 마찬가지로 달러의 가치는 유통되는 양, 즉 통화량에 따라 달라집니다. 양적 완화로 달러의 통화량이 증가하면 환율은 하락합니다. 반대로 미국이 긴축정책을 실시해서 달러의 통화량이 감소하면 환율이 상승합니다.

■ 환율에 영향을 미치는 요인 – 이자율

국내외 이자율도 통화의 상대가치를 변화시켜 환율에 영향을 미칩니다. 2023년에 미국이 금리를 지속적으로 인상해서 2024년 상반기 현재 과거와 달리 미국의 금리가 한국의 금리보다 높게 유지되면서 달러 환율이 1,300원대를 지속하고 있습니다. 향후 미국이 금리를 인하해서 양국 간 금리 차가 줄어들든가 예전처럼 원화 금리가 상대적으로 더 높은 수준을 유지하면 환율은 내릴 여지가 있습니다.

■ 환율에 영향을 미치는 요인 - 달러 선호도

달러에 대한 선호도 역시 달러 수급에 영향을 미칩니다. 신흥국은 선진국보다 국가위험이 높아 금리가 높기 때문에 신흥국 통화(위험자산)의 수익성이 선진국 통화(안전자산)의 수익성보다 높습니다. 세계경제가 호황을 누리고 신흥국의 수출이 늘어나면 위험자산 선호도가 높아져 신흥국 통화가 강세를 보이게 되어 달러화의 환율은 하락합니다. 그러나 글로벌 경제위기 상황에서는 금리가 낮더라도 달러에 대한 선호도가 신흥국 통화(위험자산)보다 높기 때문에 환율은 상승합니다.

■ 환율에 영향을 미치는 요인 - 지정학적 요인

국제정세 불안이나 러우전쟁 등 지정학적 리스크도 달러 선호도에 영향을 미칩니다. 북핵위기로 지정학적 리스크가 증가할수록 원화 수요는 감소하고 달러 수요는 증가하기 때문에 환율은 상승합니다. 통상 국제정세가 불안해지면 안전자산인 달러에 대한 수요가 증가합니다.

이처럼 달러 수급에 영향을 미치는 여러 요인들이 복합적으로 작용하여 환율이 결정됩니다. 수출 또는 수입거래 시에는 경상수지 등 환율에 영향을 미치는 요인을 주목할 필요가 있습니다.

그럼에도 환율은 예측의 영역이 아닌 대응의 영역인 듯합니다. 그러니 환율의 변화를 예측해서 수익을 늘리겠다는 태도보다는 적정한 수준의 환헤지를 통해서 수출이익을 안정화시키고 변화에 대응하는 것이 바람직합니다.

3
환리스크 관리기법

기업이 예상치 못한 환율의 변동으로 인하여 발생하는 위험을 적절히 관리하여 자산손실을 방지하고자 하는 활동을 '환리스크 헤지(Hedge)'라고 합니다. 수출입기업의 경우에는 수출 또는 수입을 통해 외화를 획득 또는 지급하는 과정에서 발생할 수 있는 환율 변동에 따른 환리스크를 헤지할 필요가 있습니다.

환리스크 헤지 방법은 매칭(Matching), 리딩과 래깅(Leading and Lagging), 네팅(Netting), 가격정책(Price Variation Policy), 자산부채 종합관리(Asset Liability Management), 포트폴리오 전략(Portfolio) 등 기업 내부적으로 관리하는 '내부적 기법'과 선물환(Forward), 환변동보험, 통화선물(Currency Futures), 통화스왑(Currency Swap). 통화옵션(Currency Option) 등 외부 금융상품을 활용하는 '외부적 기법'이 있습니다.

가능하다면 비용이 적게 드는 내부적 기법을 먼저 활용하고, 부족한 부분을 외부적 기법으로 관리하는 것이 좋습니다. 초보수출기업이 활용할 만한 환리스크 관리기법으로는 선물환과 환변동보험을 들 수 있습니다. 내외부적 기법을 간략히 소개해드린 후 환변동보험을 추가적으로 상세히 설명드리겠습니다.

1) 내부적 관리기법

■ 매칭(Matching)

매칭은 최대한 수출거래와 수입거래의 결제시기를 일치시켜서 환리스크 노출을 최소화시키는 전략입니다. 3개월 후 들어올 수출대금이 100달러, 3개월 후 지불해야 하는 수입대금도 100달러라면 이 기업의 환리스크 노출액은 없습니다. 수출 100달러, 수입 50달러라면 수출 50달러만 헤지(선물환 매도 등)하면 됩니다. 수출용 원부자재를 수입하는 수출기업에 적합한 기법입니다.

대략적으로 매칭할 수는 있으나 특정일자까지 정확하게 맞추어 매칭시키기는 어렵다는 단점이 있습니다.

■ 리딩과 래깅(Leading and Lagging)

리딩과 래깅은 외화자금의 결제시기를 당기거나(Leading) 늦추어서(Lagging) 환율변동에 따르는 손실을 줄이고 이익을 늘리려는 전략을 말합니다.

수출기업의 경우 앞으로 환율이 올라갈 것으로 전망된다면 수입자와 협의해서 결제시점을 늦추고, 환율이 떨어질 것으로 전망된다면 결제시점을 당기는 전략입니다. 수입자는 향후 환율이 오를 것으로 전망된다면 미리 당겨서 결제하는 전략입니다.

그런데 이 전략에는 큰 문제점이 있습니다. 국내 수입자가 환율이 오를 것으로 전망되어 당겨서 결제했는데 막상 원래의 결제만기에 환율이 떨어지면 환차손을 입게 됩니다. 즉, 이 기법은 환리스크를 헤지하는 기법이 아니라 환율 전망에 따라 환차손을 줄이고 환차익을 늘리겠다는 적극적인 외환관리 기법입니다. 그리고 전망은 틀릴 수 있다는 점이 문제입니다. 또한 계약상대방이 결제시점 조정에 응하지 않을 수도 있습니다.

■ 상계(Netting)

이 기법은 초보수출자가 활용하기에는 적합하지 않습니다. 글로벌 대기업이 국내 본사와 해외 현지법인 간 빈번하게 수출과 수입을 지속(본사는 원자재 수출하고 완성품 수입)하는 경우, 건별로 결제하지 않고 일정기간마다 차액만 정산하는 기법입니다. 차액만 정산하기에 환리스크에 노출되는 금액을 최소화할 수 있습니다.

■ 가격정책(Price Variation Policy)

가격정책은 환율 변동에 따른 손실 또는 이익을 수출입 가격에 반영시키는 기법을 말합니다. 수출자는 환율 하락이 예상되는 경우 그 하락분만큼 외화표시 수출가격을 올려 받는 전략을 말합니다. 반대로 환율 상승이 예상되는 경우에는 상승분만큼 외화표시 수출가격을 낮추는 전략입니다. 그러나 현실적으로 초보수출기업이 환율하락 시 수출가격을 올려 받는 것이 쉽지는 않습니다.

■ 자산부채 종합관리(Asset Liability Management)

자산부채 종합관리는 환율전망에 따라 강세통화의 자산 비중을 늘리고 부채를 줄이는 반면, 약세통화의 자산 비중을 줄이고 부채를 늘려서 자산과 부채를 종합해서 환리스크를 관리하는 기법입니다. 투자회사가 아닌 수출입기업이 이런 전략을 실행하기는 어렵습니다. 현실적으로 무역거래 대부분이 달러화로 결제되기 때문입니다.

■ 포트폴리오 전략(Portfolio)

포트폴리오 전략은 거래통화를 다수의 통화 바스켓으로 구성해서 통화 간의 환율 변동이 서로 상쇄되도록 해서 환율 변동에 따른 위험을 줄이는 전략입니다. 거래통화가 대부분 미 달러인 상황에서 초보수출기업이 이러한 포트폴리오를 구성하는 일은 어렵습니다.

2) 외부적 기법

■ 선물환(Forward)

선물환은 외국환 매매계약일로부터 2영업일이 경과한 장래의 특정일자에 계약한 대상 외국환을 일정 환율(선물환율)로 매매할 것을 당사자 간에 약정하여 환리스크를 예방하는 장외거래 상품으로, 초보수출기업에 적합한 상품입니다.

쉽게 설명드리자면 수출자가 3개월 뒤 들어올 100달러의 환율을 지금(헤지 시행일)의 환율(예 : 1,300원)로 미리 고정시키는 전략입니다. 이 경우에 수출자는 3개월짜리 선물환 100달러를 지금 미리 매도하게 됩니다. 그리고 3개월 뒤 수출대금이 들어오면 그 현물 100달러를 선물환거래 상대방에게 달러당 1,300원에 넘겨주어서 계약을 마무리합니다.

이에 따라 수출자는 수출대금 100달러의 환율을 지금 1,300원으로 고정하고, 이 환율을 감안해서 수출원가를 맞추게 됩니다. 이러면 경영성과를 안정적으로 가져갈 수 있다는 장점이 있습니다.

선물환을 매도하고 환율이 떨어지면 떨어지기 전의 환율로 외화를 팔 수 있기에 수출자에게 이익인 반면, 환율이 올라가는 경우에는 오른 환율이 아닌 오르기 전의 환율로 외화를 팔아야 하기에 수출자에게 헤지 손실이 발생합니다.

헤지 상품은 이익을 극대화하기 위한 것이 아니라 수익을 예측가능한 일정 수준으로 고정한다는 데 의미를 두어야 합니다.

■ 환변동보험

환변동보험은 무역보험공사에서 운영하는 환헤지 상품으로, 선물환과 구조는 같습니다. 초보수출기업이 선물환보다 편리하게 이용할 수 있도록 절차를 간소화한 상품입니다. 다만 선물환과 달리 실물거래를 하지 않고 차액만 정산한다는 특징이 있습니다. 수출자는 환변동보험 계약 체결 시의 보장환율과 보험 가입한 건 결제만기 시의 결제환율을 비교해서 결제환율이 떨어졌으면 차액을 보상받고, 올랐으면 차액의 이익금을 무역보험공사에 납부하는 구조입니다.

■ 통화선물(Currency Futures)

통화선물은 선물환 거래와 구조는 같습니다. 미래의 일정 시점에 일정 수량의 통화를 계약 시 미리 정한 환율로 매입 또는 매도하기로 계약한 거래입니다. 선물환이 건별로 계약을 체결하는 구조여서 상대방과 원하는 금액과 만기를 자유롭게 정할 수 있는 반면에, 통화선물은 거래소에 상장된 규격화된 상품으로 만기와 거래규모 등이 규격화되어 있다는 점이 차이점입니다. 따라서 만기 48일 등과 같이 특정일로 만기를 정할 수 없어서 수출입계약 건과 통화선물계약 간에는 다소의 일자 및 금액의 불일치가 있을 수 있습니다.

선물환이 장외상품이라 상대방인 금융기관은 수출자 또는 수입자의 신용리스크에 노출되는 반면, 통화선물은 거래소가 중간에서 거래를 책임지기에 거래당사자는 신용위험에 노출되지 않습니다. 다만 거래소는 환율 급변동 시 상대방 신용리스크에 노출될 수 있기에 일일정산을 하고 환율급변동 시 추가로 증거금을 요구하고 있습니다. 이런 점은 초보수출기업으로서는 매우 번거로울 수 있습니다. 이런 이유로 한국거래소에서 미국달러 선물의 통화선물 거래량은 선물환에 비해 미미한 수준입니다.

■ 통화스왑(Currency Swap)

통화스왑은 두 거래 당사자가 일정기간 동안 서로 다른 통화에 대한 이자를 교환하고, 통화스왑 만기일에 계약 당시의 약정환율로 원금을 서로 교환(Swap)하기로 약정하는 계약입니다. 이 통화스왑은 초보수출기업이 이용할 일은 없을 듯합니다. 주로 금융기관이나 글로벌기업이 대규모 자금 조달을 할 때 사용하는 상품입니다.

■ 통화옵션(Currency Option)

통화옵션은 어떤 통화를 특정 환율로 매입하거나 매도할 수 있는 권리가 부여된 금융상품입니다. 옵션 매수자에게 의무는 없고 권리만 있기에 매수자는 유리하고 매도자는 불리합니다. 그래서 옵션 매수자는 매도자에게 옵션 프리미엄을 지불하는데 비싸기 때문에 초보수출기업이 활용하기에는 적합치 않습니다. 국내외환시장에서의 거래물량도 미미합니다.

수출자가 환율 하락이 우려되어서 달러를 매도할 수 있는 옵션(Put

Option)을 구매한 경우, 실제로 만기에 환율이 떨어지면 수출자는 환차손을 옵션으로 회복할 수 있게 됩니다. 반대로 환율이 상승하면 옵션 행사를 포기하고 수출대금이 들어올 때 환율 상승의 이익을 그대로 향유하면 됩니다.

4
초보수출기업의
환리스크 관리전략

———

"중요한 건 꺾이지 않는 마음이 아니라 꺾였어도 그냥 하는 마음이다."

_개그맨 박명수

앞서 여러 가지 환리스크 관리기법을 소개해드렸습니다. 또 환리스크 관리의 필요성도 설명드렸습니다. 그런데 평상시에는 대부분의 수출중소기업이 환리스크 관리에 무관심한 것이 현실입니다. 그러다가 환율이 급락하면 언론에서 호들갑을 떨고, 수출기업도 공포감에 사로잡혀서 이미 낮아진 환율로 환헤지를 하게 됩니다. 낮은 환율로 무리하게 헤지를 하기에 환율 급등 시에는 거액의 환헤지 손실을 보게 됩니다. 그러면 이후에는 다시는 환헤지에 나서지 않게 됩니다.

이것이 대부분의 중소기업의 환헤지 현실입니다. 그러니 초보수출기업이 환헤지를 하려면 다음의 질문들에 답할 수 있어야 합니다.

왜 헤지를 해야 하나?

앞서 설명드린 바와 같이 헤지의 목적은 환차익의 극대화가 아니라 수익의 안정화입니다. 수출입거래 환율을 현재시점에 고정시켜서 환율변동에 따른 수익의 변동성을 줄이는 것이 목적입니다. 그러니 수출기업이 환율 하락에 대비해서 선물환 매도 헤지를 했는데 정반대로 환율이 상승해서 헤지손실을 보더라도 감내해야 합니다. 감내할 수 없다면 헤지를 하지 말아야 합니다. 아니면 감당 가능한 수준으로 헤지 비율을 조절해야 합니다.

헤지는 얼마나 해야 하나?

헤지를 안 해도 문제가 되지만 너무 많이 하면 더 큰 문제가 될 수도 있습니다.

예를 들어서 100달러의 수출계약을 예상하고 100달러 선물환을 매도했는데 수출계약이 조정되어 50달러 어치만 수출한 경우에 이 회사는 50달러가 오버헤지되어 환리스크에 노출되게 됩니다. 불행하게 헤지 후 환율이 급등하는 경우에는 높은 환율로 50달러를 사서 오버헤지된 부분을 정산해야 합니다. 결국 회사는 이 돈을 못 구해서 유동성 위기에 빠질 수도 있습니다.

실제로 2006~2007년에 환율이 900원대에 진입하자 많은 중소조선사들이 공포 심리로 오버헤지를 하게 되었습니다. 그런데 이후 글로벌 금융위기로 2008년부터 2009년경에는 환율이 1,400~1,500원

대까지 치솟아서 다수의 중소조선사들이 줄줄이 도산하는 아픔을 겪어야 했습니다.

과유불급(過猶不及), 오버헤지(Over Hedge)는 절대 하지 말아야 합니다. 오버헤지를 하는 것보다는 차라리 무헤지가 낫습니다. 그럼 수출 물량의 어느 정도를 헤지해야 할까요?

많은 수출기업을 대상으로 상담을 진행해온 제 경험상으로는 초보수출기업의 경우 실물거래의 50% 내외를 헤지하면 어떨까 합니다. 50%를 헤지하면 헤지 후 환율이 하락하면 수출대금에서 발생하는 환차손의 50%는 헤지 이익으로 커버가 되어 손실 폭을 줄일 수 있습니다.

반대로 헤지 후 환율이 올라가는 경우에는 헤지에서 손실이 발생하지만 실물거래에서는 헤지손실의 두 배에 달하는 환차익이 생기니 역시 나쁜 상황은 아닙니다. 50% 가량의 부분 헤지를 하면 헤지 후 환율이 올라도, 내려도 그다지 나쁜 상황에 처하지는 않습니다.

또 다른 이유로 수출계약은 언제든지 일부라도 취소될 수 있기에 100% 헤지가 때로는 오버헤지가 될 우려도 있습니다. 그러니 초보수출기업에는 부분 헤지를 권해드립니다.

환헤지에 진심인 초보수출기업이라면 이 책의 마지막 9강 재무관리 부분에서 설명드리는 황금비율(Golden Ratio)을 적용해서 예상수출 물량의 약 60%(61.8%)를 헤지해서 수익을 고정시키면 적당할 듯합니다.

언제 헤지해야 하나?

수출기업이라면 당연히 환율이 가장 높을 때 헤지하는 것이 좋습니다. 그래야 헤지 이익이 발생할 가능성이 높습니다. 그런데 문제는 그 시점을 잡기가 어렵다는 점입니다. 마치 주가가 가장 낮을 때 주식을 사기 힘든 것과 마찬가지입니다. 그러니 가능하다면 주식 격언에 따라 분할 헤지(선물환 분할매도)할 것을 권해드립니다.

예를 들어 연간 수출물량에 대해서 연 4회 분할 헤지하면 대략적으로 연평균환율에는 헤지하게 되어 최악의 상황인 최저점 헤지는 피할 수 있게 됩니다. 즉, 저점에 몰빵해서 헤지하는 불행은 피할 수 있게 됩니다. 또 헤지할 당시의 환율과 회사가 적정 마진을 확보할 수 있는 환율 수준을 비교해서 적정 환율 이상에서 헤지하는 것도 방법입니다.

무슨 상품으로 헤지해야 하나?

초보수출기업이 이용할 만한 헤지 상품으로는 선물환과 무역보험공사의 환변동보험을 들 수 있습니다. 어느 상품을 활용해도 무방하며 추천하자면 신용도가 높지 않은 중소기업에 정책보험인 환변동보험을 권해드립니다. 이용절차가 간편하고 비용이 저렴하기 때문입니다.

환헤지 의사결정은 누가 하나?

수출기업의 경우 실무자가 환헤지를 결정한 후 환율이 상승해서 헤지 손실이 발생하는 경우 실무자는 난감해질 수밖에 없습니다. 이런 부담감 때문에 실무자는 일반적으로 환헤지에 소극적입니다. 그러니 초보수출기업이 적극적으로 환헤지를 하기 위해서는 경영진이 초기 의사결정에 참여해야 합니다.

5

선물환과 선물환율 결정원리

"무릇 군대의 형태는 물의 형상을 닮았으니,
물은 높은 곳을 피해 낮은 곳으로 흘러가고,
군대는 적의 실을 피해 허한 곳을 공격한다."

夫兵形象水 水之形 避高而趨下 兵之形 避實而擊虛

_《손자병법(孫子兵法)》

이제부터는 초보수출기업이 환리스크 관리를 위해서 이용하기 편리하고 가성비가 좋은 환변동보험에 대해서 설명드리겠습니다. 환변동보험은 기본원리가 선물환제도에서 유래했기에 선물환의 원리를 이해하면 환변동보험(일반형)을 이해하기 쉽습니다.

현물환 vs 선물환

외국환은 언제 외국환을 주고받느냐에 따라 현물환(Spot Exchange)과 선물환(Forward Exchange)으로 구분됩니다. 현물환은 외국환 매매계약과 동시 또는 2영업일 이내에 주고받는 외국환을 말합니다. 선물환은 장래의 일정기일 또는 기간 내(통상 6개월 내)에 미리 정한 금액과 종류의 외환을 약정환율로 주고받는 외국환을 말합니다. 무역거래에서는 주로 현물환 거래가 주를 이루고, 선물환 거래는 주로 환헤지 또는 투기 목적으로 활용됩니다.

현물시장에서 외환을 주고받을 때 적용되는 환율을 '현물환율'이라고 합니다. 우리가 은행에서 환전을 할 때 적용되는 환율이 현물환율입니다. 선물환 계약은 당일에 이루어지지만 자금의 결제는 미래 특정 시점에 이루어지고 그때 적용되는 약정환율이 선물환율입니다.

선물환율의 결정원리

이론적인 선물환율은 두 국가 간 이자율 차이를 이용하여 균형환율을 산출하는 이자율평가설(Interest Rate Parity)에 의해 결정됩니다. 이 균형환율은 국가 간 자본이동에 제한이 없고 거래비용이 들지 않는다고 가정하고 국내금융자산과 해외금융자산의 투자수익률을 동일하게 만드는 환율입니다.

먼저 예전처럼 원화 이자율이 달러 이자율보다 높은 경우를 상정해보겠습니다. 원-달러 현물환율이 1,000원이고, 원화 이자율 5%, 달러 이자율 3%라고 하면 향후 1년간 한국에서 원화로 자금을 운용하는 수익률과 미국에서 달러로 자금을 운용하는 경우에 양자를 동일하게 만드는 균형환율을 만들어보겠습니다.

$1,000(1+0.05)\times365/365$와 $1(1+0.03)\times365/365$를 같게 만들어야 하니 균형환율은 $1,000\times(1.05/1.03)=1,019.42$원이 됩니다. 즉,

현물환율이 1,000원인 경우의 선물환율은 고금리통화인 원화를 평가절하(저금리통화 평가절상)해서 산출됩니다.

선물환율

1,000(현물환율) + 19.42(Swap Point) = 1,019.42

얼마 전까지만 해도 오랫동안 원화가 달러대비 고금리통화였기에 통상 선물환율은 현물환율보다 높은 수준에서 결정되었습니다. 이를 '선물환 프리미엄'이라고 합니다. 이때 스왑포인트(sp)는 플러스가 됩니다. 그러다 코로나19로 미국이 고금리정책을 이어가면서 이제는 '달러 금리 〉 원화 금리'가 뉴노멀이 되면서 선물환율이 현물환율보다 낮아지는 현상이 나타났습니다. 이를 '선물환 디스카운트'라고 합니다. 이때는 sp가 마이너스가 됩니다.

즉, 원-달러 현물환율 1,000원, 원화 금리 3%, 달러 금리 5%라면 만기 1년의 선물환율은 1,000×(1.03/1.05)=980.95원이 됩니다.

선물환율

1,000(현물환율) − 19.05(Swap Point) = 980.95

아쉽게도 최근에는 선물환 디스카운트로 인해 수출거래 환헤지 시 현물환율보다 낮은 선물환율(3개월물 약 -8원)을 받게 되었습니다. ETF

등 환혜지된 금융상품 투자도 다소 불리해졌습니다. 다만 향후 미국 금리 인하 시 디스카운트 폭은 줄어들 여지가 있습니다.

선물환율 산출공식

$$F = S \times [1 + (d - f) \times (t/365)]$$
$$= S + \text{swap point}$$

F : 선물환율의 이론가격   S : 현물환율

d : 자국통화 이자율   f : 외국통화 이자율

t : 선물환의 만기까지의 기간

스왑포인트(Swap Point)가 플러스면 선물환 프리미엄이, 마이너스면 디스카운트가 발생합니다. 하지만 세상만사는 이론적으로만 결정되지는 않습니다. 이상의 산식은 국제 간 자본이동이 자유롭고 거래비용이 '0'이며, 거래당사자들이 미래에 대해서 불안을 느끼지 않는 경우를 가정한 것입니다. 그러나 현실적으로는 거래당사자들의 심리의 영향을 많이 받습니다.

예전처럼 한국의 금리가 미국 금리보다 높은 상황에서도 글로벌 금융위기가 발생해서 달러 현물 수요가 강해지는 경우에는 달러 선물보다 현물을 더 선호해서 결과적으로 선물환율을 떨어뜨리고 양국 간 이자율 차이를 넘어서는 선물환 디스카운트가 발생하게 됩니다. 실제로 2007~2009년의 금융위기 시에 일시적으로 이러한 선물환율 디스카운트가 발생했습니다.

6

이용하기 편리한 환변동보험
(선물환방식)

"진정한 발견은 낯선 지역을 찾아갈 때가 아니라,
다른 눈으로 세상을 바라볼 때 이루어진다.
다른 사람의 눈, 수백 개의 다른 눈으로 세상을 바라보면
완전히 다른 세상이 모습을 드러낸다."

_마르셀 프루스트(Marcel Proust)

앞에서 선물환율 결정원리를 설명드렸습니다. 이제부터는 무역보험공사에서 운영하는 일반형 환변동보험(선물환방식)에 대해 설명드립니다. 환변동보험(옵션형)은 별도로 설명드리겠습니다. 무역보험공사의 제도설명서 등에서 관련 내용을 인용합니다.

환변동보험 개요

환변동보험은 수출 또는 수입을 통해 외화를 획득 또는 지급하는 과정에서 발생할 수 있는 환차손익을 제거하고 사전에 외화금액을 무역보험공사(무보)에서 청약 시 제시하는 보장환율로, 원화로 확정시킴으로써 환율변동에 따른 위험을 헤지(Hedge)하는 상품입니다.

환변동보험은 환위험 관리여건이 취약한 중소중견기업이 환위험

을 손쉽게 해지할 수 있도록 시중은행의 선물환제도 대비, 이용절차를 간소화하고 비용을 낮추어 가성비를 높인 상품입니다.

무보는 보험인수 시 시중은행을 통해 전액 해지하므로 환변동보험 운영에 따른 무보의 이익은 없습니다. 수출거래에서 환율이 하락하는 경우 무보는 시중은행에서 해지이익을 받아서 수출자에게 보험금으로 지급합니다. 환율이 상승하는 경우에는 수출자로부터 이익금(환수금)을 받아서 은행에 전달합니다.

공적수출신용기관인 무역보험공사가 중소수출기업을 대신해서 시중은행과 환해지거래를 하기에 시중은행의 상대방 신용위험은 '0'이 되어 해지비용을 최소화할 수 있습니다. 또한 무보는 중소기업의 수출거래를 모아서 큰 규모로 은행과 거래하기에 거래 단가를 더욱 낮출 수 있습니다. 무보는 이렇게 낮춘 비용을 근거로 유리한 보장환율(선물환율)을 수출자에게 제공하고 있습니다.

다만 이런 이상적인 구조에도 불구하고 환율이 급상승하면 무보는 수출거래에서 수출자로부터 환수금을 회수해야 하는데 수출자가 유동성 위기를 겪는 경우에는 환수금이 미납될 우려가 있습니다. 실제로 2008~2009년 글로벌 금융위기 여파로 이후 환수금 미수액이 대량으로 발생해서 무보는 거액의 손실을 입는 적이 있습니다. 이런 점을 감안해서 환변동보험청약 시 소액의 환변동보험료를 받고는 있으나 보험요율은 평균적으로 청약금액의 0.02% 내외로 저렴합니다.

환변동보험(수출선물환·수입선물환)

환변동보험(선물환방식)은 수출거래를 커버하는 환변동보험(수출선물환)과 수입거래를 커버하는 환변동보험(수입선물환)이 있습니다. 환변동보험(수출선물환)은 보험 가입 후 환율이 하락하는 경우 수출자에게 보험금을 지급하고, 환율이 상승하는 경우 이익금을 환수합니다. 환변동보험(수입선물환)은 보험 가입 후 환율이 상승하는 경우 국내수입자(보험계약자)에게 보험금을 지급하고, 환율이 하락하는 경우 이익금을 환수합니다.

환변동보험(수입선물환)은 주요 자원 수입 등 제한적인 거래에 한해서 보험 가입이 가능하며 부보대상 수입거래는 앞서 소개해드린 수입보험과 동일합니다. 특별한 언급이 없는 한 환변동보험(수출선물환) 위주로 설명드립니다.

보장환율·결제환율

환변동보험은 청약 시 무보에서 제시하는 보장환율과 결제일의 결제환율을 비교해서 보험금 또는 환수금 규모를 결정합니다. 보장환율의 결정원리는 선물환율 결정원리와 유사합니다.

보장환율(선물환형)

= 청약일 시장평균환율 + 결제월말(Swap Point)

결제환율은 보장환율과 비교하여 손익을 정산하는 기준이 되는 환율로 다음과 같이 결정됩니다.

- 결제일 월말 지정 시 결제환율 = 결제일자(월말 최종영업일)의 최초 고시 매매기준율
- 결제일 월중 지정 시 결제환율 = 결제일 최초고시 매매기준율 + 해당 월 최종영업일까지 Swap Point
- 조기결제 신청 시 결제환율 = 조기결제신청일의 시장평균환율 + 최초 청약 시의 만기일이 속한 해당월 최종영업일까지 Swap Point

결제·조기결제

보험계약자는 청약 시 결제일을 지정해 청약합니다. 결제일은 해당월의 월 중 특정일로 지정할 수 있고 편의상 월말로 지정할 수도 있습니다.

환변동보험청약 시 정한 결제일에도 불구하고 수출계약 건의 결제 만기가 당겨진 경우, 향후 환율 급등이 예상되어 거액의 환수금 발생이 우려되는 경우, 현재 환율이 최저점이라 생각되어 보험금을 미리 받고 싶은 경우에는 조기결제를 신청해 결제일을 당길 수 있습니다. 조기결제 신청은 최초 만기 2영업일 전까지 가능합니다.

조기결제 시 유의할 점은 결제환율 산정 시 조기결제 신청일의 시장평균환율이 중요하다는 점입니다. 수출거래에서 그날 환율이 낮

으면 보험금을 받을 가능성이 높고, 높으면 이익금을 납부할 가능성이 높다는 점 유념하셔야 합니다.

환변동보험 이용절차

인수한도 책정 → 보험청약 및 보험료 납부 → 보험증권 발급 → 결제일 통지 → 손익정산

■ 인수한도 책정

최대로 보험에 가입할 수 있는 한도로 1년간 유효하며, 수출자가 정상등급(A~F)인 경우에는 연간(또는 최근 1년간) 수출 실적의 최대 100%(수입형은 수입 실적의 90%)까지 한도 책정이 가능합니다(2024년 현재 한시적으로 수출형은 150%까지로 확대 운영 중). 인수한도 책정 이후에 보험청약이 가능합니다.

- 인수한도는 제한적으로 회전운영이 가능합니다. 인수한도의 최대 130%까지 회전운영이 가능합니다.
- 수입형은 철, 동, 주석, 니켈, 석탄, 원유 등 주요자원, 대외무역관리규정상 외화획득용 원료 등의 수입거래에 한합니다.

■ 보험청약 및 보험료 납부

보험계약자는 청약금액 및 결제(예정)일자를 지정하여 오후 1시까

지 사이버 영업점에 청약 입력하면 됩니다. 동일년도 매분기당 결제 예정금액은 인수한도의 60% 이내로 제한됩니다. 청약 후에는 보험 료를 납부해야 합니다.

■ 보험증권 발급

청약일에 결제월별 보장환율, 청약금액 등 보험계약 내용이 담긴 보험증권이 발급됩니다. 사이버영업점 환변동청약 조회 화면에서 보험증권 조회 및 발급이 가능합니다.

■ 결제일 통지

- 만기결제 : 청약 시 지정한 특정 영업일을 결제일자로 확정하는 단계로 별도의 조기결제 신청이 없으면 청약 시 정한 결제(예정) 일자에 자동적으로 정산처리됩니다.
- 조기결제 : 보험계약 체결 시 지정했던 결제(예정)일자의 2영업일 전 오후 1시까지 조기결제 신청을 완료해야 하며, 결제환율은 결제신청일의 익영업일에 고시합니다. 만기까지 기간에 대하여 무역보험공사(무보)가 정한 방식에 의해 현가할인합니다.

■ 손익정산

- 보험금지급 : 무보는 결제(신청)일로부터 3영업일 내 보험계약자에게 보험금을 지급합니다.

※ 보험금 = (보장환율 − 결제환율) × 외화청약금액

• 이익금납부 : 보험계약자는 이익금 납부통지일로부터 15영업일 이내 무보에 이익금을 납부해야 합니다.

※ 이익금 = (결제환율 − 보장환율) × 외화청약금액

환리스크 관리를 위한 통화옵션

"망치를 든 사람에겐 모든 문제가 못으로 보인다."

_마크 트웨인(Mark Twain) 추정

앞에서 일반형(선물환형) 환변동보험을 소개해드렸습니다. 환변동보험(옵션형)을 소개해드리기에 앞서 통화옵션 상품 중 콜옵션(Call Option)과 풋옵션(Put Option)에 대해 설명드리겠습니다.

통화옵션의 정의 및 구조

선물환 거래는 계약자에게 권리와 더불어 의무도 동시에 발생합니다. 수출거래 환헤지를 위해서 선물환을 매도하는 경우에 만기에 선물환율(보장환율)보다 결제환율이 내리면 비싼 가격(선물환율)으로 팔아서 헤지이익을 취할 수 있는 권리가 발생하지만, 결제환율이 오르면 헤지손실을 감수하고 상대방에게 달러를 넘겨야 하는 의무가 발생합니다.

이런 의무를 지기 싫고 권리만 취하고자 할 때 이용할 수 있는 금융상품이 옵션(Option)입니다. 옵션은 만기에 행사환율로 계약금액을 매수 또는 매도할 수 있는 권리를 갖는 상품을 말합니다. 통화옵션(Currency Option)은 옵션거래로 특정 통화를 사거나(Call Option), 팔 수 있는(Put Option) 권리를 가지는 옵션입니다. 다만 이 권리는 옵션 매수자에게만 있고 반대편인 옵션 매도자는 매수자의 옵션 행사에 응해야 하는 의무가 발생합니다.

옵션 매수자는 매도자에게 옵션 프리미엄(Option Premium)을 지불해야 합니다. 즉, 옵션 프리미엄이 옵션 가격입니다. 옵션 거래 시 미래에 적용하기로 약정하는 특정 환율을 행사가격(Strike Price ; 환변동보험의 보장환율)이라고 합니다. 옵션 보유자는 이 행사가격을 옵션의 권리 행사 시의 환율(만기환율)과 비교해서 옵션의 행사 여부를 결정하게 됩니다.

Put Option에서 옵션의 행사가격이 같은 만기의 선물환율과 같으면 at the Money forward Option(등가격 옵션), 행사가격이 선물환율보다 높으면 in the Money forward Option(내가격 옵션), 행사가격이 선물환율보다 낮으면 out of the Money forward Option(외가격 옵션)이라고 부릅니다. 현재의 상태가 지속될 경우 내가격 옵션에서는 헤지이익이 발생해서 옵션 매도자는 상대의 옵션 행사에 응할 의무가 발생하고, 외가격 옵션에서는 헤지이익이 발생치 않아서 옵션 매도자의 옵션에 응할 의무가 사라집니다.

Call Option에서는 손익구조가 반대여서 행사가격이 선물환율보다 낮으면 헤지이익이 발생할 가능성이 높기에 내가격 옵션이 됩니다.

옵션 매입자가 옵션 만기일에만 권리를 행사할 수 있는 옵션을 European Type이라고 하고, 만기일까지 언제라도 유리한 시점에 권리를 행사할 수 있는 옵션을 American Type이라고 합니다. 대부분은 European Type으로 거래됩니다. 후에 소개해드릴 환변동보험(옵션형)에서 만기결제형은 European Type이고 조기결제형은 American Type이라고 볼 수 있습니다.

외환거래에서 헤지 시에 선물환 대신 통화 옵션(Currency Option)을 활용할 수도 있습니다. Call Option(콜 옵션)은 수입계약에서 환율 상승 위험을 헤지하기 위해서, Put Option(풋 옵션)은 수출계약에서 환율하락 위험을 헤지하기 위해서 활용할 수 있습니다. 즉, 콜 옵션은 선물환 매수계약, 풋 옵션은 선물환 매도 계약을 대신할 수 있습니다.

옵션 프리미엄

환헤지 측면에서 효과만 따진다면 옵션이 가장 완벽한 상품입니다. 유리할 때는 옵션을 행사해서 헤지이익을 취하면 되고, 불리할 때는 옵션 행사를 포기하면 되는데, 옵션 프리미엄 외에는 헤지로 인한 추가 손실 가능성이 없기 때문입니다. 옵션 프리미엄은 만기까지 기간이 길수록, 환율 변동성이 클수록, 깊은 내가격 옵션일수록 비싸집니다. 행사가격 수준, 선물환 스왑포인트, 현물환율 등도 옵션 프리미엄 수준에 영향을 미칩니다.

문제는 옵션의 가격, 즉 옵션 프리미엄의 수준입니다. 환변동보험의 예를 들면 환변동보험(수출선물환) 보험료가 평균 0.02% 수준에 비해서 환변동보험(옵션형, 완전보장형)은 보험료(옵션 프리미엄)가 그 100배 내외 수준입니다. 통상 중소기업의 연평균 영업이익률이 5% 내외임을 감안하면 2% 내외의 옵션 프리미엄을 지불하고 환헤지에 나설수 있는 중소기업은 없다고 보아야 할 것입니다. 국내에서 통화 옵션 거래가 지극히 부진한 이유입니다. 개인적으로도 초보수출기업에 비추하는 상품입니다.

대안으로 농수산물 수출기업에는 농수산식품유통공사(aT)나 수산무역협회에서 보험료 지원하는 환변동보험(옵션형)을 추천드립니다.

농수산물 수출기업 위한
환변동보험(옵션형)

"어디에 있든지 주인이 되어라. 그러면 서 있는 곳 모두가 천국이 될 것이다."
隨處作主 立處皆眞

_임제 스님

앞에서 환리스크의 헤지를 위한 통화옵션 중 콜 옵션과 풋 옵션에 대해서 설명드렸습니다. 이번에는 수출기업이 환헤지 시 이용할 수 있는 풋 옵션(Put Option)을 초보수출기업이 이용하기 쉽게 간소화하고 농수산식품유통공사(aT) 및 수산무역협회의 보험료 지원사업과 연계 운영해서 농수산식품 수출기업의 비용 부담을 줄인 환변동보험 옵션형(Put Option)에 대해 설명드리겠습니다.

환변동보험(옵션형) 개요

환변동보험(선물환형)에서 수출선물환형은 수출거래에서 환율하락 위험을 커버(헤지거래 선물환 매도 포지션)하고, 수입선물환형은 수입거래에서 환율상승위험을 커버(헤지거래 선물환 매수 포지션)합니다. 그런데 옵션형 환변동보험은 모두 수출거래의 환율하락 위험만 커버하고 수입거래의 환율 상승위험은 담보하지 않습니다. 완전보장형 옵션형 환변동보험은 만기 시 결제환율이 행사가격(보장환율) 이하로 떨어지면 그 떨어진 만큼의 손실을 전액 보상합니다.

반면에 부분보장형은 결제환율이 일정한 수준까지 떨어지는 손실을 보상하고 그 이하로 떨어지는 손실은 추가로 보상하지 않습니다. 그 대신 보험료(옵션 프리미엄)는 보상이 제한되는 범위만큼 저렴해집니다. 완전보장형에서도 행사가격의 수준에 따라 보험료 수준이 달라집니다. 행사가격이 청약시점의 현재환율과 유사한 수준이면 보험료가 비싸고, 현재 환율보다 낮은 수준이면 보험료가 저렴해집니다.

옵션형 환변동보험 손익구조

옵션형 완전보장형은 Put Option과 손익구조가 완전히 같습니다. 따라서 보장환율보다 결제환율이 하락하면 무보는 수출자에게 보험금을 지급합니다. 반면에 보장환율보다 결제환율이 올라가면 수출자에게는 아무런 의무가 발생하지 않습니다.

부분보장 옵션형은 시중의 Spread Option 구조입니다. 이 구조는 높은 행사가격의 Put Option 매입으로 환율하락 위험을 헤지하는 동시에, 더 낮은 행사가격으로 Put option을 매도해서 환율하락에 따른 헤지이익을 Put option 매도건의 행사가격까지로 제한한 상

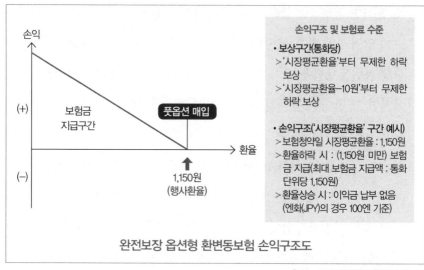

※ 출처 : 무역보험공사 홈페이지

품입니다.

보장 범위가 제한되는 반면 옵션 매수해서 옵션 프리미엄을 지불하기도 하지만, 추가로 저가의 옵션 하나를 매도해서 보험료 수준을 완전보장형보다 다소 낮춘 것이 특징입니다. 부분보장형은 환율이 급락하는 것이 아니라 일정 범위 내에서 움직인다고 전망될 때 활용하면 좋은 상품입니다.

완전보장형이든 부분 보장형이든 옵션형은 보험료가 너무 비싸서 중소기업이 자기 부담으로 이용하기는 어렵습니다. 그러니 농산물 수출기업이라면 aT의 보험료 지원사업을, 수산물 수출기업이라면 수산무역협회의 보험료 지원사업을 적극 활용하시기 바랍니다.

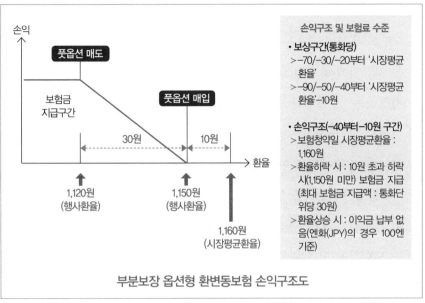

※ 출처 : 무역보험공사 홈페이지

부분보장 옵션형 환변동보험 손익구조도

보험료 지원사업과 연계해 옵션형 환변동보험 잘 활용하는 팁

aT와 수산무역협회의 보험료 지원사업은 다른 유관기관과 비교하면 조건이 매우 좋습니다. 보험료가 무척 비싼 옵션형 환변동보험까지 지원하는 기관이 많지 않고 지원하는 업체별 한도도 이 두 기관은 넉넉하기 때문입니다.

이처럼 이 두 기관이 농수산물 수출기업을 두텁게 보호하는 이유는 바로 이들이 사회적으로 최약 계층이자 이 업종이 우리 먹거리 분야여서 마지막까지 보호해주어야 하기 때문입니다. 그러니 농수산물 수출기업이라면 반드시 두 기관의 보험료 지원사업을 활용하시기 바랍니다.

또한 옵션형 환변동보험은 보험에 든 후 환율이 떨어질 때 보험금을 지급하기에 지원예산으로 단 한 번 청약하고 결제일도 단 하나로 지정하는 건 현명한 방법이 못 됩니다. 만기에 환율이 올라가면 그 건에서 보험금을 못 받기 때문입니다. 그러니 청약시점을 여럿으로 분산하고, 결제일도 여럿으로 분산해서 청약할 것을 권해드립니다.

예를 들어 청약을 6회로 분산하면 각각의 보장환율과 결제환율이 다르고 위험도 분산되기에 평균적으로 약 절반인 3건 정도에서는 보험금을 받을 가능성이 있습니다. 이처럼 선물환형이든 옵션형이든 보험청약일과 결제일은 여러 개로 분산하는 것이 리스크를 줄이는 방법입니다.

aT 수출보험료 지원사업

다음은 2024년 aT의 수출보험료 지원사업 안내문입니다. 이후에도 지원 조건은 크게 달라지지 않을 듯합니다.

> aT(한국농수산식품유통공사) 수출보험지원사업에 따라 2024년 수출보험 지원사업을 다음과 같이 실시하오니, 지원이 필요한 기업은 다음 내용을 참고하시어 지원 신청하시기 바랍니다.
> - 지원기간 : 2024. 1. 1~12. 31
> - 지원대상 : 농축산식품 수출업체(임산물 및 수산물 지원 제외)
>   • HS-Code 제1~22류(농식품), 제24류(연초류) 중 수산물, 임산물을 제외한

농축산식품을 「신선농산물」과 「가공식품」으로 구분하여 지원

　　※ 무역협회, 지자체 등으로부터 보험료를 기 지원받은 건에 대해서는 중복지원 불가

　　※ 단, 독점규제 및 공정거래에 관한법률 제14조에 따른 상호출자제한기업집단의 경우 지원 제외

■ 종목 및 지원비율

　• 단기수출보험(선적후－일반수출거래, 농수산물패키지 : 90%, 단체보험 : 100%)

　• 환변동보험(선물환, 범위선물환, 범위제한선물환, 부분 및 완전보장옵션형 : 95%)

■ 업체당 지원한도 : 단기수출보험, 환변동보험 : 1억 원

■ 보험료 지원방식

　• 보험료 先지원

　• 對 일본 수출업체 대상 수출 보험료 추가지원은 aT에 신청하여 사후정산 방식으로 지원

　　※ 업체당 최대 1억 원까지 지원

　　※ 지원비율 및 지원한도는 예산 부족 등의 경우 지원기간 중 조정될 수 있음

■ 신청기간 : 연중

■ 신청절차 : 한국무역보험공사 본사 또는 관할지사에 직접, 팩스 및 우편신청 (對 일본 추가지원은 aT로 신청/aT 농임산수출부 061-931-0849)

■ 제출서류 : 지원신청서 1부

수산무역협회 수출보험료 지원사업

다음은 무역보험공사 홈페이지에 게재된 수산무역협회 보험료 지원사업(2024년분) 안내문입니다. 회원사라면 참고하시기 바랍니다.

- 지원기간 : 2024. 1.~예산 소진 시

- 지원대상 : 수산물 수출입업체

- 종목 및 지원비율
  - 단기수출보험(선적후, 농수산물패키지 등 : 90%, 단체보험 : 100%)
  - 환변동보험(선물환, 범위선물환, 범위제한선물환, 부분 및 완전보장옵션형 : 95%)
  - 수출신용보증(선적전, 선적후, 매입 등 : 90%)
  - 국외기업신용조사서비스(요약보고서 : 100%)

- 업체별 지원한도 : 업체별 6천만 원(2024년부터 종목제한 철폐)

- 보험료 지원방식
  - 보험료 先지원
  - 2024. 1. 1. 이후부터 지원사업 신청 전 발생한 보험/보증료는 소급지원 가능
  ※ 지원비율 및 지원한도는 예산 부족 등의 경우 지원기간 중 조정될 수 있음

- 신청기간 : 2024. 1. 29~예산 소진 시

- 신청절차 및 제출서류 : 온라인 사업신청 통합시스템

- 문의 : 한국수산무역협회 수출부
  ☎ 02-6300-8703(8705)
  ✉ kfta@kfta.net

수출중소기업 환헤지 사례

———

공자께서 말씀하시었다. '지나친 것은 모자란 것보다 더 나을 것이 없다'."

子曰 過猶不及

_《논어(論語)》

앞에서 환리스크 및 중소기업 환헤지 상품인 환변동보험을 소개해드렸습니다. 이번에는 중소기업의 환헤지 실패 사례와 성공 사례를 소개해드립니다. 제가 2014년에 〈연합인포맥스〉에 기고했던 언론기사를 인용합니다.

오주현의 환헤지 분석 ———

기름통 들고 불 속으로 뛰어들기

H사는 패션의류 제조업체다. 2007년 기준으로 연매출액은 100억 원 수준이며 2억 원의 순이익을 기록했다. 마진율은 다소 낮은 구조를 가진 기업인 셈이다. 낮은 마진율로 환차손까지 발생하면 순식간에 적자를 기록할 수도 있다. 환헤지가 그만큼 더 절실했다. H사는 이런 단점을 보완하기 위해 2005년부터 무역보험공사의 환변동보험을 통해 환헤지를 해왔다. 2008년 초반까지는 환율

상승 시 일부 환수금을 납부하기도 했으나 대체로 환율하락으로 보험금을 지급받는 경우가 많았다. 환헤지의 긍정적인 혜택을 제대로 만끽하고 있었다.

지난 2005년 처음 이용할 때는 조심스럽게 돌다리도 두들겨 보는 심정으로 헤지거래를 했다. 건별 헤지 금액을 10만 달러 이내의 소액으로 분할해서 3~6개월 이내의 단기에 정산하는 정석 플레이를 했다. 다행히 환율도 보험 가입 때보다 결제시점의 환율이 대체로 낮아서 보험금을 지급받는 빈도가 많았다. 호사다마라고 했나. 초반 보험금을 지급받게 된 것이 독이 됐다. H사는 이후 소액 분할헤지 원칙을 지켰던 초심에서 벗어나고 말았다. 건별 청약금액은 5만 달러 → 10만 달러 → 20만 달러 → 50만 달러 → 90만 달러로 점점 더 커지고 있었다. 2008년 초반까지는 별다른 문제가 발생하지 않았다. 환율변동이 심하지 않았기 때문이다.

소액 분할헤지 원칙을 벗어나 단기정산 원칙까지 지키지 않게 됐다. 문제는 심각해졌다. 2007년 11월 환율이 900원대 초반까지 하락하자 H사는 900원대 붕괴에 대한 두려움이 커졌다. 환율 공포심리로 연간 환변동보험 이용한도 총액인 390만 달러를 단 하루에 이용했다. 동시에 결제일도 이전의 3~6개월 이내의 단기에서 벗어나 1~2년의 장기로 돌렸다.

결국 이 단 한 번의 헤지거래로 H사는 최악의 환헤지 손실을 기록하게 된다. 보험 가입 시 900원 초반이었던 환율이 2008~2009년 결제시점에는 1,200~1,500원으로 폭등했기 때문이다. 이 거래 이전까지 H사는 환율 하락에 따른 보험금으로 1억 7천만 원을 무역보험공사로부터 지급받은 반면 환율상승으로 환수당한 이익금이 3천만 원에 불과했다.

그런데 이 단 한 번의 헤지거래로 H사가 무역보험공사에 지급한 이익금은 무려 16억 원에 달했다. 이에 따라 동사의 순이익은 2007년 2억 원 흑자에서 2008년에는 11억 원 적자를 기록하게 된다.

그날 이후로 H사는 환헤지를 못하고 있다. 얼마 전 무역보험공사가 주관하는 중소기업 환리스크 관리 간담회에 참여해서 환리스크 관리 컨설팅도 받았다. 이 업체는 환율 하락에 따른 애로를 토로하면서도 과거의 악몽 탓에 선뜻 환헤지에 대한 의사결정을 못 하고 있다. H사의 문제점은 무엇이었을까.

※ 출처 : 〈연합인포맥스〉

실패에서 배우기

《논어》에 '過而不改 是謂過矣(과이불개 시위과의)'라는 말이 있다. 잘못을 하고도 고치지 않는 것이 진짜 잘못이라는 것이다. 사람은 누구나 실수를 한다. 때로는 운이 좋아 초반부터 성공을 거두기도 한다. 그런데 초반의 실수가 성공의 소중한 밑거름이 되기도 하고 반대로 초반의 어설픈 성공이 큰 실패로 귀결되기도 한다. 중요한 것은 같은 실수를 반복하지 않도록 면밀히 실패 원인을 분석하고 잘못된 점을 고치는 것이다. H사의 헤지 실패원인은 다음과 같다.

첫째, 언제 어느 수준의 환율에 헤지할지 환리스크 관리원칙이 정해져 있지 않았다. 앞서 G사가 사업계획환율을 정하고 그 이상에서 헤지하는 것을 원칙으로 했던 것과 차이가 있다. 이러다 보니 평소에 헤지하지 못하고 환율이 최저점 수준일 때 심리적으로 불안감을 느껴 헤지하는 결과를 초래했다.

둘째, 분할헤지 원칙이 지켜지지 못했다. 물론 현재환율이 사업계획환율보다 월등히 높은 수준이라 현재환율로 연간수출액을 고정하면 높은 수준의 수익이 발생하는 상황이라면 전액 일시헤지도 고려해 볼 수는 있다. 그렇지만 H사처럼 환율이 최저점 수준인 상태에서 일시에 장기간에 걸친 전액헤지를 하는 것은 곤란하다.

셋째, 실거래 관행과 맞지 않게 지나치게 장기로 헤지하여 헤지손실을 더욱 키웠다. 통상 기간이 길어지면 변동성은 더 높아지는데 이 헤지거래가 실거래와 괴리가 있었기 때문에 문제가 더 커졌다.

넷째, 실패를 통해서 개선을 하지 못했다. 지난해 환율이 6월 달러당 1,160원대에서 100원 이상 하락했음에도 과거의 실패에 대한 두려움으로 전혀 헤지를 못하고 무방비로 환리스크에 노출시켰다는 점이다. G사가 나름의 헤지 원칙으로 2013년 수출환율을 평균 1,120원 내외로 고정시킨 점과 대조를 이룬다. H사는 환헤지 실패에도 도산까지는 가지 않았다. 수출금액을 초과해서 헤지하지는 않아 과다한 헤지손실을 보지 않았기 때문이다. 그나마 다행이었다. 실제로 2008년에 일부 기업이 수출금액을 초과하는 과다 헤지로 도산한 경우도 있었다. '과유불급(過猶不及)'이다. 과다 헤지는 헤지를 전혀 하지 않는 것과 마찬가지로 바람직하지 않다.

다음에는 H사와 달리 과거의 아픈 실패를 딛고 나름의 헤지 방법을 터득해 환리스크를 관리하고 있는 중소기업 사례를 살펴본다.

※ 출처 : 〈연합인포맥스〉

오주현의 환헤지 분석

소 잃고 외양간 고치기

소가 전 재산이던 농경사회에서 외양간이 부실해 소를 잃게 되면 가족의 생계는 심각한 위협을 받게 된다. 늦었지만 소 잃은 후라도 외양간 고치기를 소홀히 해서는 안 된다. 또 소를 잃게 되면 가족의 생존 자체가 불가능해지기 때문이다.

F사는 전남에 소재한 농식품 수출기업으로, 주로 중국과 일본으로 수출(연간 2백만~3백만 달러)하고 있다. 2007년부터 환변동보험을 활용해 환위험 헤지도 해오고 있다. 2007년 중반, 처음 환변동보험 활용 시에는 보험 가입 시보다 결제시점 환율이 소폭 하락해 85만 달러의 헤지금액에 대해 1천만 원의 보험금을 지급받았다.

그러나 F사 역시 2007년 말부터 시작된 환율 급상승의 여파를 피해가지는 못했다. 2007년 11월부터 209년 9월까지 결제가 도래하는 220만 달러(엔화 수출금액 포함)에 대해서 환율상승에 따른 이익금으로 무역보험공사에 1억 원을 지급했다. 아주 큰 금액은 아니지만 연간 매출액 30억 원 규모의 회사로서는 매우 아까운 금액임에는 틀림이 없다. 이 회사도 보험기간을 실수출거래 기간을 훨씬 초과하는 3년까지도 가입해서 손실을 키웠다.

F사는 이후 방법을 바꾸어 보험기간을 1년 이내로 단축해 소규모 분할헤지 하는 원칙을 세웠다. 헤지를 한 이후에는 무역보험공사에 이익금을 납부하는 경우보다는 보험금을 지급받는 경우가 더 많았다.

특히 2013년 들어서는 이익금 납부 없이 보험금만 1억 원을 지급받았다. F사가 2013년 보험금을 많이 지급받게 된 이유는 2012년 말 100엔당 1,300원대 수준에서 2013년 엔화 수출금액에 대해 미리 헤지를 했기 때문이다. 아울러 2013년 4월에 새로 출시된 이익금 회수가 면제되는 옵션형 환변동보험도 이용해 이익금 환수 부담을 줄이면서 지급받는 이익금을 늘릴 수 있었다.

F사의 L 사장에 따르면 환율 하락에도 영세수출기업이 수입자를 상대로 수출 단가를 조정하기는 쉽지 않다. 영세중소기업이 안정적인 수익을 지키기 위해서는 일정 부분 환위험 헤지가 불가피하다. 2013년에는 엔저로 수출에서 마이너스(-) 수익을 기록했으나 환변동보험 보험금으로 수출에서 발생한 손실을 상쇄시킬 수 있었다고 한다. F사는 향후 1년간의 수출물량과 외화흐름을 감안해서 헤지전략을 수립한다고 한다. 사업계획환율 이상에서는 일정부분 분할해서 헤지한다는 전략을 고수하고 있다. F사는 향후에도 무거운 환율 흐름을 예상하고 있다.

F사는 초기의 실패에도 개선 노력을 지속해 안정적으로 수익을 지켜나가고 있다. 소를 잃고도 외양간을 고쳐야 하는 이유다.

※ 출처: 〈연합인포맥스〉

10

세상에 공짜 점심은 없다

"화(禍)에 복(福)이 붙어 있고, 복(福)에 화(禍)가 엎드려 있다."
禍兮福之所倚 福兮禍之所伏

_《도덕경(道德經)》

2024년 홍콩 H주가지수와 연계한 ELS 때문에 시끄럽고 고객들의 대규모 손실이 현실화되었습니다. ELS는 주가지수가 일정 범위 내에서 움직이면 예금금리보다 2~3% 포인트 정도 더 높은 금리를 주는 복합파생상품입니다. 절대로 원금이 보장되는 예금이 아닙니다.

문제는 연계된 기초자산인 주가지수가 예상을 벗어나서 급락할 경우에는 이 상품이 주식처럼 원금 손실을 볼 수 있다는 점입니다. 그런데 상품의 구조가 워낙 복잡해서 고령의 고객들이 이런 위험을 이해하고 이 금융상품에 가입하진 않았을 수도 있습니다. 거래하는 은행에서 파니 금리가 높은 예금이라고 생각했을 듯합니다.

ELS뿐 아니라 주로 후순위채에 투자하는 해외 부동산 펀드도 개인이 고민 없이 가입해서는 안 되는 상품입니다. 채권인데도 자산가격 하락의 충격을 선순위보다 먼저 흡수해서 부동산 가격 급락 시 손실이 커질 수 있기 때문입니다. 이름은 채권이지만 제대로 된 채권은 아닙니다.

이런 상품의 유혹에서 벗어나기 위해선 이런 복잡한 상품구조를 이해할 수 있는 전문지식을 갖추는 것이 필요합니다. 그렇지 못하다면 '세상에 공짜 점심은 없다'와 '단순한 것이 진리에 가깝다'라는 두 개의 격언이라도 명심하시기 바랍니다. 이 격언들만 기억하고 있어도 쉽게 이런 상품들을 구매하지는 않게 될 것입니다.

세상에 공짜 점심은 없다

은행은 일반적으로 선심을 써서 자기들이 손해를 보면서 시중 금리보다 훨씬 높은 예금을 판매하지 않습니다. 은행이 시중금리보다 2~3%의 높은 금리를 제시했다면 그 이면에는 명시적으로 드러나지 않은 숨은 비용이 포함되어 있을 수 있다는 점을 명심하시기 바랍니다. 금융 거래에서는 공짜 점심이 없습니다.

"There is no such thing as a free lunch."
세상에 공짜 점심은 없다.

저명한 경제학자 밀턴 프리드먼이 한 말입니다. 1976년에 노벨경제학상을 받은 대학자로, 케인즈와 반대편에 서서 자유주의와 시장경제를 옹호했습니다. 대학자의 말이니 빈말은 아닐 것입니다.

이 격언은 금융상품을 거래할 때뿐 아니라 일상거래에서도 기억해두면 낭패를 면할 수 있습니다. 누군가 부모형제나 친한 친구도 아닌데 나에게 잘해주면서 금전적 이득을 제공한다면 분명 바라는 바가 있을 터이니 조심할 필요가 있습니다. 실제로 주변에서 상대방이 베푼 몇 푼의 호의 때문에 낭패를 당한 사람들을 적잖이 보아왔습니다. 우리가 일상생활에서 거래를 할 때는 이 격언이 수요와 공급의 법칙보다 더 중요할 수도 있습니다.

다시 강조 드리자면 은행은 아무런 이득 없이 고객에게 공짜 점심을 주지 않습니다. 은행은 고객에게 ELS를 팔면서 짭짤한 판매수수료를 챙겼습니다. 수출거래에서도 상대의 지나친 호의는 의심해 보아야 합니다. 첫 거래에서 선수금 조건으로 10만 달러 수입을 한 후 다음의 거래에서 장기 외상 조건으로 무려 100만 달러의 수입조건을 제시한다면 사기거래가 아닌지 일단 의심해볼 필요가 있습니다.

이런 제안이 오더라도 거래규모는 서서히 늘려가는 것이 좋고, KOTRA나 무역보험공사를 통해서 바이어 신용정보를 확인해보는 것이 좋습니다. 그리고 안전장치로 수출대금 미회수위험을 담보하는 무역보험에 가입하는 것이 좋습니다.

단순한 것이 진리에 가깝다

애플의 아이폰이 인기를 끌게 된 이유 중 하나는 그 단순한 디자인 때문입니다. 아인슈타인 이론이 아직도 가장 진리에 가까운 건 그 물리 방정식이 단순하기 때문일 것입니다. 여러가지 선택안 중에 하나를 선택해야 할 상황이고 다른 조건이 비슷하다면 단순한 상품을 선택하는 것이 리스크가 적을 가능성이 높습니다. 그래서 예금상품과 ELS 중 하나를 골라야 한다면 상품구조가 단순한 예금상품을 택하는 것이 나은 선택이라고 생각합니다.

주가 하락의 위험을 감내하고 투자를 하겠다면 복잡한 ELS보다는 감내 가능한 범위 내에서 주식투자를 권해드립니다. 주가가 급락하는 경우 똑같이 손해를 볼 우려는 있겠지만, 우량주는 오를 때까지 가지고 있으면 언젠간 오를 가능성이 있지만 ELS는 만기에 무조건 정산해야 하기에 시간 싸움에서 불리할 수밖에 없습니다.

"여러 가설이 있을 때에는 가정의 개수가 가장 적은 가설을 채택해야 하기 때문에 논리적이지 않은 것을 사유의 면도날로 다 잘라내 버려야 한다." 이 표현을 '오컴의 면도날(Ockham's Razor)'이라고 합니다. 다른 효과가 유사한 두 개의 선택지가 있다면 가정이 적은 단순한 것이 더 진리에 가까울 수 있다는 의미로 한 말입니다. 이를 '간결함의 원리'라고도 합니다.

수출자가 환율 하락을 방어하겠다면 비싸고 복잡한 옵션형보다는 구조가 단순한 선물환 매도 또는 환변동보험(수출선물환) 가입을 추천

합니다. 환율이 오르면 이익금을 토해내고, 내리면 하락분을 보전받을 수 있으니 이해하기 쉽습니다.

환율 상승 시의 이익금 환수가 싫다면 옵션형 중에서는 단순한 풋옵션(Put Option) 매입을 추천드립니다. 가격이 비싼 대신에 손익구조를 이해하기 쉽기 때문입니다. '환율 하락 시 손실을 보상한다'라고만 이해하면 됩니다.

7장

수출하고 돈이
안 들어올 때

"춤추라, 아무도 바라보고 있지 않은 것처럼.

사랑하라, 한 번도 상처받지 않은 것처럼.

노래하라, 아무도 듣고 있지 않은 것처럼.

일하라, 돈이 필요하지 않은 것처럼.

살라, 오늘이 마지막 날인 것처럼."

_알프레드 디 수자(Alfred D' Souza)

1
단기수출보험 보상절차

"손자가 말하기를, 옛날에 전쟁을 잘하는 자는
먼저 적이 아군을 이길 수 없도록 한 다음에 적을 이길 수 있는 기회를 기다렸다.
적이 이길 수 없도록 하는 것은 나에게 달려 있고,
내가 적을 이길 수 있게 하는 것은 적에게 달려 있다."
孫子曰 昔之善戰者 先爲不可勝 以待敵之可勝 不可勝在己 可勝在敵

_《손자병법(孫子兵法)》

수출거래는 결제만기에 수출대금이 들어와야 종결이 됩니다. 그런데 수입자가 갑자기 수출물품에 대해서 말도 안 되는 트집을 잡거나, 그사이 수입자의 재무상황이 악화되거나, 수입국이 외환이 없어서 수입자가 달러를 못 구하는 상황에 직면하면 초보수출자는 당황하게 됩니다. 수입자에게 독촉을 할 수는 있으나 그래도 안 갚으면 법적 조치를 취하기도 엄두가 나지 않아 어찌할 방법이 없을 듯합니다.

다행히 수출대금 미회수위험을 담보하는 무역보험공사(무보)의 단기수출보험에 가입한 경우라면 보험금을 청구해서 손실을 보상받을 수 있습니다. 그런데 수출하는 데 경황이 없어서 무역보험에 가입하지 못했다면 무보의 '해외채권회수대행 서비스'를 활용하는 것이 좋을 듯합니다.

수출채권에서 손실 발생 시의 무역보험 가입 건 보상절차를 소개
해드립니다.

단기수출보험 보상절차도

전화상담(고객센터, 담당자) → 사고발생 통지 → 무보의 사고조사 →
무보앞 보험금 청구 → 무보 보상심사 → 보험금 지급 → 무보앞 채
권양도 및 사후관리

■ 사고발생통지

무보의 단기수출보험에 가입한 수출 건의 결제기일이 지났는데
도 돈이 안 들어오면 결제 만기로부터 1월 이내에 무보에 사고발생
통지를 하면 됩니다. 만기일 이전에 신용위험 또는 비상위험이 발생
한 경우에는 그 사실을 안 날로부터 1월 이내에 사고발생통지를 하
면 됩니다.

사고발생통지 후에는 절대로 해당 수입자 앞으로 추가 선적을 하
면 안 된다는 점 명심하시기 바랍니다. 사고통지 후 추가 선적해서
발생한 손실은 무역보험에서 보상하지 않습니다. 사고통지를 하지
않은 경우라 해도 만기로부터 30일이 경과한 후 추가 선적한 건에
서 발생한 손실은 보상하지 않습니다. 약관상의 연속수출 면책 조항
에 해당되기 때문입니다. 수출자의 도덕적 해이(Moral Risk)를 방지하
기 위한 장치입니다.

다행스럽게도 사고발생통지 이후에 돈이 들어오면 무보에 사고발생통지를 취하요청하면 됩니다.

■ 보험금 청구

사고통지 후 1월(또는 결제만기로부터 2월) 경과 후에도 수입자로부터 돈이 안 들어오면 무보에 보험금 지급청구를 하면 됩니다. 보험금 청구권은 3년간 행사하지 않으면 소멸시효가 완성되어 권리가 사라집니다.

■ 보험금 지급

수출자 귀책이 없는 경우 무보는 원칙상 보험금 청구를 받은 날로부터 2월 이내에 보험금을 지급하게 됩니다. 다만 사고조사를 위한 무보의 추가 자료 요청에 대해서 수출자가 시간을 많이 끌며 늦게 제출하면 그만큼 보상시점은 늦어질 수 있습니다.

무보는 수입자의 악의적 클레임에 대해서는 손실에 대한 보상을 합니다. 다만 합리적인 클레임에 대해서는 수출자 귀책분을 제하고 보상합니다. 클레임 처리비용까지 보상받고자 하는 경우에는 단기수출보험(중소중견Plus+)에서 '클레임' 특약을 추가하면 됩니다.

무보는 보험증서상 보험금액 범위 내에서 손실액(회수금 있는 경우 손실액에서 회수금 차감)에 부보율(중소중견Plus+보험에서 중소기업 100%)을 곱한 금액을 보험금으로 지급합니다.

▪ 수출채권 양도 및 사후관리

무보는 보험금을 지급한 후에는 수출자로부터 수출채권을 넘겨받아 보험자대위권을 행사해서 보험금을 회수하는 노력을 하게 됩니다. 수출하고도 대금회수를 못하면 국부의 유출이기에 무보는 회수노력을 지속하게 됩니다. 회수한 경우 회수금은 부보율 비율에 따라 무보와 수출자가 나누어 가지게 됩니다. 따라서 부보율이 100%인 경우에는 회수금 전액이 무보의 몫이 됩니다.

2
보험금 못 받은
단기수출보험 면책 사례

―――

"그러므로 내일 일을 위하여 염려하지 말라.
내일 일은 내일이 염려할 것이요, 한 날의 괴로움은 그날로 족하니라."

_《성경》

손실을 보상받으려고 보험에 듭니다. 그런데 보험에 들고도 보험
계약자가 제대로 알지 못했던 사유로 보험자 면책이 되어 보상을 못
받으면 난감한 일입니다. 무역보험공사에서 취급하는 대표상품 중
에 단기수출보험(선적후, 중소중견Plus+)은 보험계약자(수출자)가 계약상
대방(수입자)의 대금미결제 위험으로부터 자신을 보호하기 위해서 가
입하는 상품입니다. 각종 보험이 그렇듯이 자기를 위한 보험계약에
는 보험자 면책조항이 존재합니다.

무보의 또 다른 상품인 수출신용보증(선적전)과 수출신용보증(선적
후, 매입, 포괄매입)은 보험계약자인 은행이 신용도가 약하거나 담보력
이 부족한 제3자인 고객(수출자)의 신용을 보강하기 위해서 드는 상
품입니다. 공사 보증이 신용보강 장치이기 때문에 원칙상 보증은 무

조건적(일부 예외 있음)입니다. 이런 이유로 보증에는 면책조항이 없거나 극히 적습니다. 단기수출보험에서 보험사고가 발생해도 대부분의 경우에는 보상이 됩니다. 그럼에도 일부 안타까운 이유로 보상이 안 되는 경우가 있습니다.

이하 면책 사례는 무보 홈페이지에 있는 '16가지 사례로 배우는 단기수출보험 보상 가이드(2022.4.)' 등에서 인용합니다.

실제 수입자와 보험증권상 수입자가 다른 경우

보험증권상의 수입자와 실제 수출계약 상대방이 다른 경우는 보험관계가 성립하지 않으므로 보상대상이 아닙니다.

- ▪ **사례**
- 수출업체는 수입업체 A사에 대하여 보험한도를 받고 수출통지하였으나, 송장 및 수출서류 등을 확인한 결과 실제 거래는 A사가 아닌 A사의 자회사 B사와 거래하였음
  ⇒ 보험관계 불성립으로 보상받지 못함

- 수입업체 C사가 P/O를 발행하고 결제를 하다가 C사의 계열사인 D사가 P/O를 발행하고 결제하는 방식으로 거래구조가 변경되었으나, 수출업체는 기존대로 C사로 수출통지
  ⇒ 보험관계 불성립으로 보상받지 못함

가짜 수입자에게 사기를 당해 거래한 경우

명의도용 사기 건의 경우 증권상의 수입자가 아닌 제3자(사기범) 앞으로 수출이행하여 보험관계가 성립하지 않았으므로 보상대상이 아닙니다.

■ **사례**

• 사기범은 수입업체 A사로 가장하여 수출업체에 이메일로 접근, 수출물품을 주문한 후 물품을 편취하고 잠적. 물품 도착항을 A사 소재국이 아닌 제3국으로 지정하고 수하인도 제3자로 지정하는 등 비정상적 상황이 발생하였으나 수출업체는 A사에 대해 수출보험을 가입하고 수출 진행하였으며 사고 후 조사를 통해 사기거래였음을 알게 됨
⇒ 보험관계 불성립, 수출자 과실을 사유로 보상받지 못함

• 사기범은 유럽 수입업체 B사를 사칭하여 우리 수출업체에 거래 제안, 수출업체는 B사에 대하여 공사 수입자 신용조사 진행 및 수출보험 한도를 받고 보험 가입 후 수출. 사기범은 아프리카지사로 물품을 송부할 것을 지시하였으며, 수출자는 아프리카로 선적하였으나 이후 연락 두절. 사고조사 결과 실제 B사는 수출업체와의 거래사실 뿐 아니라 해외지사도 없는 것으로 확인됨.
⇒ 보험관계 불성립, 수출자 과실을 사유로 보상받지 못함

물품의 멸실, 훼손과 관련된 손실이 발생한 경우

물품의 멸실, 훼손 등 화물 자체로 인한 손실은 적하보험에서 담보하는 위험이므로 수출보험에서는 보상하지 않습니다.

■ 사례

운송 도중에 수출물품이 모두 훼손되자 수입업체가 클레임을 제기하며 수출물품 인수 및 대금지급을 거부

⇒ 수입업체의 클레임은 정당하며, 물품의 훼손으로 인해 발생한 손실로 수출보험으로는 보상받지 못함

수출대금 상계에 동의한 경우

수출대금 일부 상계에 동의한 경우 상계에 따른 수출채권 금액 감소분을 차감한 후에 보험금을 지급합니다.

■ 사례

수출업체는 수입업체의 반품요청 및 수출대금 중 일부 금액의 상계처리에 동의한 후 보험금 청구

⇒ 상계한 부분만큼 수출업체가 자신의 책임을 인정한 것이므로 상계에 따른 금액은 보험금 산정 시 차감

수출업체의 고의 또는 과실로 손실이 발생한 경우

보험사고가 수출업체(대리인, 피사용인 등 포함)의 귀책사유로 발생한 경우에는 보상하지 않습니다.

■ 사례

- 수출업체는 수입업체와의 거래에서 약속된 선적기일을 준수하지 않고 선적, 수입업체는 물품인수를 거절하고 대금 미지급

  ⇒ 수출업체의 귀책으로 인한 계약파기로 보상받지 못함

- 매입(추심)은행의 업무과실로 수입업체 앞 물품인도가 지연, 수입업체는 이를 사유로 물품인수를 거절하고 대금 미지급

  ⇒ 수출자 대리인의 귀책으로 인한 계약파기로 보상받지 못함

법령을 위반하여 수출한 경우

관세법상 수출입 금지 품목 등을 거래하는 등 법령을 위반한 수출 거래에 대해서는 보상하지 않습니다.

■ 사례

사고조사보고서와 수출서류(Order sheet 및 Packing list) 등을 검토한 결과 수출물품이 음란물 DVD로 판명

⇒ 관세법상 수출입 금지 품목에 해당하여 보상받지 못함

미결제 상태에서 계속 수출한 경우 (연속수출)

이전 수출 건이 만기일로부터 30일 이상 연체된 상황에서 추가적으로 수출하는 경우 연속수출에 해당되어 보상하지 않습니다.

■ **사례**

수출업체는 수입업체가 기존 선적 건에 대하여 만기일인 2020년 12월 31일부터 30일 이상 결제를 지연하고 있었음에도 불구하고 2021년 3월 1일과 2021년 5월 1일에 동일 수입업체 앞으로 추가 선적

특정 건만 변제한 것으로 합의한 경우 (변제충당)

수출업체와 수입업체 간 협의하여 특정 건을 지정하여 변제한 것과는 상관없이 공사는 결제기일 도래 순으로 변제된 것으로 간주합니다.

■ **사례**

수출업체는 수입업체와의 거래에 대하여 최초 3건(3백만 달러)은 보험을 들고 이후 2건(2백만 달러)은 보험을 들지 않았음. 이후 수입업체와 협의하여 보험에 들지 않은 2건(2백만 달러)만 지정하여 결제하고 최초 3건(3백만 달러)은 보험사고 처리하고자 하나 이는 인정되지 않으며 수입자 송금액은 만기 순서대로 결제된 것으로 간주

수출계약을 이행 못 해서 수입자에게 손실 발생한 경우

수출자가 수출계약상의 물품 인도 의무미이행하여 수입자에게 무역보험 가입액 이상의 손실을 입힌 경우 보상이 되지 않습니다.

▪ 사례

국내 수출자 A사는 인도 수입자 B사와 수출계약을 체결하고, 물품을 중국의 제조업체 C사로부터 조달할 생각으로 중계무역을 추진. 그러나 A사는 물품가격 급등으로 물량 확보 못 해서 일부만 수출하고 수입자는 나머지를 제3자로부터 급등한 가격으로 구매. 이후 수입자는 무역보험 가입된 기수출건 결제를 거부하고, 수출의무미이행으로 발생한 손실(급등한 가격-수출계약상 가격)에 대해 수출자앞 손해배상 청구.

⇒ 중계무역에서는 수출물품 조달에 차질이 없도록 수출계약과 수입계약을 긴밀하게 연계 추진 필요

이와 같은 사례처럼 무역보험에 들고도 보상받지 못하는 일이 없도록 내용을 숙지할 필요가 있습니다.

3

해외채권 회수대행 서비스와
회수불능 확인 서비스

———

"그러므로 백 번 싸워서 백 번 이기는 것이 상책은 아니고,
싸우지 않고도 적을 굴복시키는 것이 상책이다."
是故百戰百勝 非善之善者上 不戰而屈人之兵 善之善者也

_《손자병법(孫子兵法)》

앞에서 무역보험 가입 건에 대한 보상절차와 무역보험 면책 사례를 소개해드렸습니다. 이하에서는 무역보험 미가입 건에서 수출대금이 안 들어오는 경우에 무역보험공사(무보)를 통해서 회수하는 '해외채권 회수대행 서비스'에 대해 소개해드립니다. 그리고 최종적으로 수출대금 회수가 불가하다고 판단되는 경우에 무역보험공사에서 공식적으로 회수불능 확인을 해주는 '해외채권 회수불능 확인 서비스'에 대해서도 설명드리겠습니다.

해외채권 회수대행 서비스

▪ 무보

무역보험공사의 '해외채권 회수대행 서비스'는 수출거래에서 대

금을 회수하지 못한 경우 무보의 축적된 노하우를 통해 추심을 대행하는 서비스를 말합니다. 무보는 세계 29개국 52개 추심전문기관 등 글로벌 네트워크를 이용하여 전문적으로 해외채권을 회수할 수 있습니다. 5천 달러 이상의 결제만기 경과 해외채권이 대상이며 무보 홈페이지를 통해서 이 서비스를 이용할 수 있습니다. 의뢰내역, 회수내역 등은 인터넷 조회를 통해서 확인할 수 있습니다.

무보에 미부보 해외채권 회수대행을 요청할 때 행정비용은 없으며 무보를 통해서 회수된 금액이 있는 경우에는 회수금의 일정부분을 무보가 성공불 조건으로 가져가고 나머지 대부분은 수출자에게 전해줍니다. 무보가 자사 본지사를 통해서 직접 회수하는 경우에는 회수금액의 10~20%(5만 달러 이하 10%, 20만 달러 초과 20%, 중간은 15%)를 성공불 보수로 가져갑니다. 무보가 전문추심기관을 통해서 회수한 경우에는 '추심기관 수수료＋가산율 4%'를 제하고 회수금을 의뢰인에게 지급합니다.

■ NICE신용정보

공공기관인 무역보험공사 외에 민간기업인 NICE신용정보에서도 해외채권 회수대행 서비스를 하고 있습니다. NICE신용정보사는 전 세계 150여 개국을 커버하는 채권추심 서비스를 제공하고 있으며 국제상법, 무역거래 및 선진적 추심기법 노하우를 지닌 전문가집단을 보유하고 있습니다. 법률 서비스 소송 진행 시 각 국의 현지변호사에 의한 법률서비스를 진행합니다.

☞ https://www.niceamc.co.kr/kr/service/trade.do

해외채권 회수불능 확인 서비스

'해외채권 회수불능 확인 서비스'는 법인세법 시행령 19조의 2에 의거 물품의 수출 또는 외국에서의 용역 제공으로 발생한 채권에 대하여 무보가 회수불능확정 채권임을 공적으로 확인해주는 서비스입니다. 법인세법 시행규칙 제10조의 4(회수불능 사유 및 회수불능 확정채권의 범위)의 요건에 따라 무보의 확인이 있는 경우에는 동 해외채권은 법인세법상 회수불능 채권으로 분류됩니다.

수출자는 물건을 해외로 수출하고 수입자로부터 대금회수가 안 되는 경우에는 회수불능채권으로 분류해서 대손금으로 회계처리해야 합니다. 그러기 위해서는 법인세법상 대손요건을 충족해야 합니다. 공적인 기관에서 회수불능채권임을 확인해주면 대손요건을 충족하게 됩니다. 최근 법인세법 시행령 및 시행규칙 개정으로 무보가 공적 확인 기관이 된 것입니다. 무보가 해외채권 회수불능 확인을 해주면 그 금액만큼은 당해년도 손실로 인정되어 과세대상금액이 줄어들고 이에 근거한 법인세도 줄어드는 효과가 발생합니다.

○ 무보의 확인요건

[법인세법 시행규칙] 제10조의 4(회수불능 사유 및 회수불능 확정채권의

범위)에 따라 다음의 어느 하나에 해당하는 증빙서류를 제출하는 경우 무역보험공사는 회수불능채권임을 확인할 수 있습니다.

- 채무자의 파산·행방불명 또는 이에 준하는 불가항력으로 채권 회수가 불가능함을 현지의 거래은행·상공회의소·공공기관 또는 해외채권추심기관(무역보험법 제37조에 따른 한국무역보험공사와 같은 법 제53조 제3항에 따른 대외채권 추심 업무 수행에 관한 협약을 체결한 외국의 기관을 말한다. 이하 이 항에서 같다)이 확인하는 경우
- 거래당사자 간에 분쟁이 발생하여 중재기관·법원 또는 보험기 관 등이 채권금액을 감면하기로 결정하거나 채권금액을 그 소 요경비로 하기로 확정한 경우(채권금액의 일부를 감액하거나 일부를 소 요경비로 하는 경우에는 그 감액되거나 소요경비로 하는 부분으로 한정한다).
- 채무자의 인수거절·지급거절에 따라 채권금액의 회수가 불가 능하거나 불가피하게 거래당사자 간의 합의에 따라 채권금액을 감면하기로 한 경우로서 이를 현지의 거래은행·상공회의소·공 공기관 또는 해외채권추심기관이 확인하는 경우(채권금액의 일부를 감액한 경우에는 그 감액된 부분으로 한정한다).

이상으로 해외채권 회수대행서비스와 해외채권 회수불능 확인 서 비스를 소개해드렸습니다. 혹시라도 해외미회수채권이 있다면 적극 적인 활용을 권해드립니다.

4
해외채권 자체 회수 노하우

"최고의 선은 물과 같다.
만물에 이로움을 줄 뿐 다투지 않고 모든 사람이 싫어하는 낮은 곳에 머문다.
그러므로 도에 가깝다."
上善若水 水善利萬物而不爭 處衆人之所惡 故幾於道

_《도덕경(道德經)》

해외채권에 따라서는 불가피하게 수출자가 직접 회수해야 하는 경우가 있습니다. 이번에는 무역보험공사 홈페이지에 게재된 내용('고객이 꼭 알아야 할 국외보상 및 채권회수 실무지침서-고객용')을 바탕으로 회수유형 및 회수요령을 소개해드리겠습니다.

임의변제촉구

임의변제촉구는 만기가 지나고도 돈이 안 들어오면 수출자가 가장 먼저 쓰는 방법입니다. 먼저 이메일이나 전화 등으로 빚 독촉을 하고 그래도 안 들어오면 좀 더 갖추어진 양식으로 최고장을 발송할 수도 있을 것입니다.

해외 사무소에 근무하며 해외 바이어를 상대로 보험사고 건 빚 독촉을 했던 제 경험에 비추어보면 만기가 지나도 돈이 안 들어오면 바로 전화나 이메일 등으로 상환을 촉구하고 언제까지 상환하겠다는 상환약속이나 상환스케줄을 받아두는 것이 유효했습니다. 이렇게 초기에 집중해서 상환을 촉구하면 대개는 일부라도 상환을 하는 경향이 있습니다. 또 수입자로부터 받은 상환을 약속하거나 채무를 인정하는 이메일이나 서신은 향후 법적인 다툼에서 유용한 증거자료가 될 수 있습니다.

만기로부터 시간이 흘러갈수록 상환가능성은 많이 떨어지는 경향이 있습니다. 그러니 초기에는 부지런히 상환 촉구를 하고, 그래도 반응이 없으면 무역보험공사(무보)의 회수대행 서비스를 활용하시는 것이 좋을 듯합니다.

전매

전매는 수입자가 물품의 인수를 거절하거나 인수불능 상태에 빠진 경우 수출물품을 회수한 후 제3자에게 판매하여 수출대금을 회수하는 것으로, 수출화물에 대하여 수출자가 지배권을 행사할 수 있는 경우에 전매조치를 함으로써 수출거래의 손실을 최소화하는 데 그 의의가 있습니다. 전매는 비용이 많이 들 수 있으니 전매 추진 전에 실익을 냉정하게 살펴볼 필요가 있습니다.

채무감면·채무유예

수입자의 상태로 볼 때 도저히 돈을 다 받을 수 없다는 판단이 들면 일부 깎아주거나 상환일정을 늦추어 주는 것이 필요합니다. 돈을 일부 갚으면 갚은 돈 범위 내에서 추가 선적을 요구하는 경우도 종종 있습니다. 수입자도 계속 물건을 팔아서 현금흐름을 유지해야 하기 때문입니다. 이 경우에는 수입자가 제대로 영업을 지속할 수 있는지 잘 판단할 필요가 있습니다. 무역보험에 가입한 건이라면 채무감면이나 채무유예 조치에 대해 사전에 무보와 협의가 필요합니다.

조정 및 중재

당사자 간 상호합의에 의한 해결이 불가한 경우에는 제3자의 조정안에 당사자가 합의하여 분쟁을 해결하는 '조정'을 거칠 수도 있습니다. 이마저도 여의치 않으면 중재인을 선정하여 '중재판정'에 따라 분쟁을 해결할 수도 있습니다. 초보수출자에게는 소송보다 중재 절차가 더 효율적으로 보입니다. 소송이 아닌 중재로 분쟁을 해결하기 위해서 가급적 중요한 수출계약서에서는 중재조항을 포함시키는 것이 필요합니다.

무보 해외채권 회수대행 서비스

지금까지 말한 방법으로도 여의치 않다면 앞서 소개해드린 무역보험공사의 해외채권 회수대행 서비스를 활용하는 것이 좋습니다.

도산절차 참가

채무자인 수입자가 도산한 경우에는 현지 변호사를 선임하여 채권 신고를 한 후 도산절차에 참가하여 배당을 받도록 합니다.

현지소송

최후의 수단이지만 시간과 비용이 많이 들기에 초보수출자가 감당하기는 버거울 것입니다. 자체적으로 소송 절차에 들어가기보다는 무보의 회수대행 서비스를 활용하는 것이 더 바람직해 보입니다.

이상으로 해외미회수채권에 대한 자력구제의 방법들을 소개드렸습니다. 현실적으로는 초보수출자에게는 이메일이나 서신, 방문 등을 통한 상환 촉구 또는 채무감면 외에는 마땅한 자력구제 수단이 없어 보입니다. 선적전에 무역보험에 가입하거나 상대적으로 안전한 신용장거래 등으로 수출거래를 추진하는 것이 상책으로 보입니다. 보험 미가입 상태에서 사고가 났다면 무보의 해외채권 회수대행 서비스를 활용하는 것이 현실적인 대안으로 보입니다.

上善若水(상선약수), 제가 좋아하는 말입니다. 모든 일은 물 흘러가 듯이 처리하는 것이 바람직합니다.

8장

플랜트 수출·
해외사업의 금융 조달

•

"대상을 바라보는 방식을 바꾸면 그 대상이 변화합니다."

_웨인 다이어(Wayne W. Dyer), 《인생의 태도》

1

부동산 PF와
프로젝트 파이낸스 이해

―――

"군자는 사람들과 조화를 이루되 무리에 휩쓸리지 않고,
소인은 무리에 휩쓸리기만 할 뿐 조화를 이루지 못한다."
君子和而不同 小人同而不和

_《논어(論語)》

요즘 부동산 PF 부실이 우리 경제의 뇌관이 되고 있습니다. 2023년 말에는 제법 규모가 큰 태영건설이 워크아웃을 신청해서 충격을 주었고, 시장에서는 건설사 연쇄 도산을 우려하고 있습니다. 그런데 견실한 건설사도 부도로 몰아넣는 '부동산 PF'란 무엇일까요?

문자 그대로 읽자면 부동산 PF는 '부동산과 관련된 PF'가 되어야 합니다. 사업을 추진하는 기업이 대출상환을 책임지는 기업금융(CF ; Corporate Finance)과 달리 PF(PF ; Project Finance)는 '프로젝트에서 나오는 현금흐름(Cash Flow)을 기반으로 이루어지는 금융(대출)'을 말합니다. 프로젝트가 망가지면 CF에서는 그 사업을 추진한 사업주가 책임을 지고 대출금을 갚는 반면, PF에서는 그 프로젝트에서의 현금흐름이 부족해서 부도가 나면 사업주는 자신의 투자금만 포기하고 빠지

면 되는 구조입니다.

PF에서 형식상 차주인 시행사(Project Company)는 그 프로젝트에서 나오는 현금흐름과 프로젝트 자산 외에는 아무것도 가진 것이 없는 새로 설립된 특수목적회사(SPC ; Special Purpose Company)에 불과합니다. 이런 구조이기에 PF에서 사업주는 책임이 제한되어 모험사업을 추진할 수 있게 되고, 대출은행은 프로젝트의 건전성과 수익성을 치밀하게 분석해서 대출 여부를 결정합니다. PF에서 사업추진 비용은 대개 자본금 20~40%, 대출 60~80% 수준이고 이것이 사업주와 대출은행 간 책임분담 비율입니다.

이상이 국제적으로 통용되는 CF와 PF의 정의입니다. 그런데 우리나라 부동산 PF는 PF도 아니고 CF도 아닌 특이한 구조입니다. 우리나라 부동산 PF에서는 아무 신용도가 없는 차주인 시행사가 부동산 대출에 대해서 자신의 신용이 안 되니 시공사인 건설사에 대출에 대해 연대보증, 지급보증 또는 채무 인수를 하게 합니다.

건설사도 그 프로젝트를 수주해야 하니 이런 무리한 요구를 받아들일 수밖에 없는 상황입니다. 대출은행으로서는 프로젝트의 건전성과 수익성을 심사할 여력이 안 되니 건설사 지급보증에 안주하게 된 것입니다. 이런 구조에서는 옥석을 가리는 장치가 실종되어 건설경기 호조 시에는 사업성이 떨어지는 프로젝트들이 무분별하게 추진될 수 있습니다.

문제는 건설사가 참여하는 프로젝트마다 보증을 서다 보니 건설

경기가 침체되면 그 건설사가 참여한 대부분의 프로젝트가 동시에 부실화되면서 건설사의 지급보증 손실이 무지막지하게 커진다는 점입니다. 순수한 CF라면 사업주가 모든 책임을 지면 되고, 순수한 PF라면 특정 프로젝트만 망가져서 그 사업에 자본을 투자한 사업주들과 대출한 금융기관들이 책임을 나누어지면 됩니다.

그런데 우리나라의 부동산 PF는 건설사가 그 모든 책임을 지고 독박을 쓰는 구조입니다. 부동산 경기 침체 시 건설사 연쇄 도산이 우려되는 이유입니다. 건설사 연쇄 도산은 금융기관의 부실화를 초래할 수도 있는 뇌관입니다.

다음은 PF에 대한 정의입니다.

> Project finance is a method of raising long-term debt financing for major projects through 'financial engineering,' based on lending against the cash flow generated by the project alone; it depends on a detailed evaluation of a project's construction, operating and revenue risks, and their allocation between investors, lenders, and other parties through contractual and other arrangements.
>
> 프로젝트 파이낸스는 프로젝트 자체에서 생성된 현금흐름(Cash Flow)에 기반하여 대출을 하는 '금융 공학'으로, 주요 프로젝트에 장기자금을 조달하는 방법으로 프로젝트의 건설, 운영 및 수익 위험에 대한 자세한 평가에 의존하며 투자자, 대출자 및 기타 당사자 간의 계약 및 기타 계약을 통해 위험을 분담합니다.
>
> ※ 출처 : E. R. Yescombe, 'Principles of Project Finance'

PF의 위험요인들

PF 대출을 위해 대주단 입장에서 분석해야 하는 위험요인들은 사업주 신용위험, 시공사 완공 위험, 교통량 변동 위험(교통 인프라에서), 프로젝트 파기·취소 위험, 자금관리 위험, 운영 위험, 이자율·환율 위험, 불가항력, 환경 위험, 재무 위험, 법률 위험, 국가 위험 등입니다. 이런 요인들 중 어느 한두 개만 충족이 안 되어도 프로젝트는 삐걱거릴 수 있습니다. 그래서 한국의 은행들은 전형적인 PF 구조가 아닌 시공사에 모든 책임을 지우는 '부동산 PF'를 고안해냈습니다.

순수 PF에서 대주단은 이 모든 위험들을 조사·분석하고 계약을 통해서 통제장치를 마련해야 합니다. PF 대출에는 검토해야 할 계약서가 산더미입니다. 사업주측 또한 검토해야 할 사항들이 산적해 있습니다. 그래서 사업주측과 대주단측에는 전문 자문단들이 참여하게 됩니다. 이런 이유로 PF는 제법 비용이 많이 드는 차입구조입니다. 그래서 돈 많은 중동의 석유회사나 미국의 통신회사는 프로젝트 추진 시 PF가 아닌 CF(기업금융)를 선호하기도 합니다.

PF 위험 요인 중에서도 제일 중요한 위험은 사업주의 사업추진 능력, 시공사의 완공 능력, 사업의 수익성 등입니다. 사업주가 유사한 사업추진 경험이 많고 재무적으로 튼튼하다면 실패할 확률도 낮고 프로젝트가 난항을 겪으면 자본금을 추가해서라도 프로젝트를 끌고갈 가능성이 높습니다. 수출입은행과 무역보험공사가 국가등급이 최하위 바로 위 6등급인 나이지리아 NLNG 가스 프로젝트에 PF

자금 지원을 결정한 이유는 이 프로젝트에 글로벌 에너지 기업인 Total, Shell, Eni 등이 51%의 지분을 가지고 있기 때문입니다.

프로젝트는 완공만 되면 어느 정도는 굴러갈 수 있습니다. 그러나 시공 도중에 시공사가 도산해버리면 난처합니다. 그래서 시공사의 시공 능력과 재무 건전성이 중요합니다. 또 둔촌 주공아파트 시공처럼 건설 도중에 재료비가 올라서 건설사가 건설비용을 올려달라고 요청해오면 대주단으로서는 난처합니다. 그래서 사업주와 대주단은 '확정일 고정가격(Lump-Sum Turn-Key)' 조건의 시공계약을 선호합니다.

그런데 우리 건설사들이 과거에 이런 조건으로 해외 프로젝트에 겁 없이 뛰어들었다가 큰 손실을 입은 적이 있습니다. 확정일 고정가격 조건은 사업주에게는 유리하지만 건설사에는 독이 될 수도 있습니다.

완공은 했는데 생산물의 단가가 급락하거나 생산물(판매량) 자체가 감소한다면 현금흐름이 부족해서 원리금이 제대로 상환되지 않을 수도 있습니다. 생산물 가격위험은 대주단이 예측하기도 통제하기도 어려운 리스크이기도 합니다. 배럴당 100달러를 넘던 유가가 한때 40달러 이하로 떨어지리라 누가 예측할 수 있었을까요?

PF는 계약 구조 등을 통해서 위험을 낮추기는 하지만 위험이 아주 없지는 않습니다.

2
우리가 건설한 세계 최장의 다리 차나칼레 현수교

"노라는 자신이 삶을 끝내려고 했던 이유가 불행해서가 아니었음을 깨달았다.
불행에서 벗어날 수 없다고 믿었기 때문이었다."

_매트 헤이그(Matt Haig), 《미드나잇 라이브러리》

세계에서 가장 긴 다리는 어느 다리일까요? 이 질문에 바로 답하기는 어렵습니다. 무슨 다리인지에 따라 공사의 난이도가 다르기 때문입니다. 육지에서 건설하는 다리와 바다 위에서 건설하는 다리의 난이도가 같을 수는 없습니다.

바다나 강 위에서 다리를 건설할 때 난점은 다리의 하부구조인 교각을 촘촘하게 세울 수 없다는 점입니다. 교각 간 거리가 촘촘하면 그 사이로 큰 배가 지나갈 수 없기 때문입니다. 그래서 바다나 강에서는 다리의 하중을 케이블이 대신 떠안고 교각 간 거리를 최대한 늘릴 수 있는 현수교(Suspension Bridge)나 사장교(Cable-Stayed Girder Bridge)가 대세를 이룹니다.

바다나 강에서 다리를 건설하는 것도 어렵지만 다리 상판의 하중을 케이블로 떠안는 구조를 건설하는 건 매우 난이도가 높은 작업에 속합니다. 사장교보다는 현수교가 더 난이도가 높습니다. 다리의 하중을 지탱하는 케이블이 사장교에서는 대각선으로, 현수교에서는 수직으로 설치되기에 바다에서는 주탑 간 거리가 긴 현수교가 대세를 이룹니다.

서해안고속도로에서 평택과 당진을 연결하는 다리는 사장교인 서해대교입니다. 하중을 지탱하는 케이블이 비스듬히 대각선으로 설치되어 있습니다. 주탑의 높이는 182m, 사장교 길이는 990m입니다. 여수와 광양을 연결하는 현수교인 이순신대교는 주탑 간 거리가 1,545m로 국내에서 가장 긴 다리입니다. 총 길이는 2,260m이며 주탑의 높이는 270m에 달합니다. 현수교라서 다리 상판의 하중을 지

튀르키예 차나칼레 현수교

※ 출처 : DL E&C 제공

탱하는 케이블이 주케이블 아래로 수직으로 매달려 있습니다. 그래서 Suspension Bridge(현수교)입니다.

그렇다면 세계에서 가장 유명한 현수교는 무엇일까요? 바로 미국 샌프란시스코에 있는 금문교(Golden Gate Bridge)입니다. 이 다리는 유명하기도 하고 아름답기도 합니다. 1933년 착공해서 4년만인 1937년 5월에 개통되었으니 당시로서는 토목학계의 불가사의 중 하나였다고 합니다. 주탑의 높이 227m, 주탑 간 거리 1,280m, 총 길이 2,800m입니다.

현재까지 현수교 중에서는 튀르키예(터키)의 '1915 차나칼레 대교'가 주탑 간 거리 2,023m로 세계에서 가장 긴 다리입니다. 이전까지는 일본의 '아카시해협 대교(주탑 간 길이 1,991m)'가 1위였습니다. 차나칼레 현수교의 주탑 높이는 318m, 다리의 총 길이는 4,608m입니다. 이 난이도 높은 공사를 우리나라 기업인 DL이앤씨(대림산업)와 SK에코플랜트(SK건설)가 해냈습니다.

이 프로젝트의 수주전은 한일 간에 전쟁을 방불케 할 정도로 치열했습니다. 우리의 기술력과 팀코리아의 역량으로 수주전을 승리로 이끌었습니다. 우리 기업이 이 역사적인 프로젝트를 수주할 수 있도록 우리나라 공적수출신용기관인 수출입은행과 무역보험공사가 팀코리아의 일원으로 참여해서 PF 대출구조로 금융을 제공했습니다.

총 사업비 31억 유로(4조 원 이상) 중 사업주가 투자한 자본금이 25.5%인 8억 유로, 금융기관 대출금이 74.5%인 23억 유로입니다.

건설비용이 24억 유로(약 3조 원)에 달하니 우리 기업의 외화획득에 큰 기여를 한 프로젝트입니다.

이 프로젝트는 금융을 PF구조로 조달했습니다. 사업주와 대주단이 각각 사업비의 25.5%와 74.5%를 책임졌고 프로젝트가 망가지면 이 금액이 각각 손해보는 한도입니다.

차나칼레 현수교의 정식 명칭이 '1915 차나칼레 대교'인 이유는 제1차 세계대전 당시 독일편에 섰던 오스만제국이 이 다리가 위치한 인근에서 1915년에 영국이 주도한 연합군에 승리했기 때문입니다. 이 전투에서 사망자가 연합군 25만 명, 튀르키예군 25만 명이라고 하니 엄청난 전투였습니다. 이 갈리폴리 전투를 승리로 이끈 영웅이 무스타파 케말 파샤 장군입니다. 그는 후에 튀르키예공화국의 초대 대통령이 됩니다. 인근에는 트로이의 유적이 있기도 합니다. 신화의 시대에는 그리스가 트로이(튀르키예)를 이겼지만 같은 장소에서 역사의 시대에는 튀르키예가 서구를 이겼습니다.

차나칼레 현수교의 주탑 간 거리가 2,023m인 이유는 터키공화국이 1923년에 수립되어 100주년을 기념한다는 의미를 부여해서 입니다. 원래는 2023년 완공 예정이었지만 빨리빨리 정신으로 무장한 우리 건설사들이 일정을 앞당겨서 2022년 3월 18일에 완공되었습니다. 주탑 높이가 318m이고, 완공일이 3월 18일인 이유는 무엇일까요? 바로 갈리폴리 전투 승전일이기 때문입니다.

이렇게 역사적 의미를 부여할 정도로 차나칼레 현수교는 튀르키예의 자랑거리이자 명물입니다. 이런 명물이 이스탄불 시내에도 있습니다. SK에코플랜트(SK건설)가 건설한 유럽과 아시아를 잇는 '유라시아 해저터널'입니다. 유라시아 해저터널은 튀르키예 이스탄불 보스포루스 해협을 가로지르는 5.4km 길이의 자동차 전용 복층 터널로 2016년 12월부터 운영되고 있습니다. SK에코플랜트가 시공사로 참여했고 수출입은행과 무역보험공사가 금융을 제공했습니다.

제가 PF 구조와 해외 프로젝트를 소개해드리는 이유는 PF 금융 지원을 통해서 우리 건설사들이 수주에 성공하고 대규모의 수익을 올리기 때문만은 아닙니다. 우리 건설사들이 대형 프로젝트를 수주하면 많은 국내 중소기업들이 벤더로 참여할 수 있기 때문입니다. 대형 프로젝트라고 중소기업과 무관하지는 않습니다.

3
플랜트 수출의 꽃 석유화학의 이해

———

"잘 듣게, 거울은 먼저 웃지 않아. 이쪽이 먼저 웃어야지.
그러니 해석을 먼저 바꿔야 한다네. 그리하면 거울에도 웃는 얼굴이 비칠걸세!"

_사토 미쓰로, 《하느님과의 수다》

요즘에는 석유와 석유화학이 한물간 느낌입니다. 그럼에도 우리 기업들이 과거에 달러를 긁어모은 프로젝트는 석유화학 프로젝트였고 지금도 우리가 일상에서 쓰는 물건과 입는 옷 포함해 대부분은 석유화학 공정을 통해서 만들어지고 있습니다. 그러니 상식 수준에서라도 석유화학의 기초 개념은 알아둘 필요가 있습니다.

인류 최초의 석유화학 공장이 무엇인지 아시나요? 바로 우리의 몸입니다. 어제 과음(에탄올을 연료로 투입)을 했다면 에탄올이 산소(O)와 반응(산화)해서 아세트알데히드로 변해 머리가 아플 겁니다. 여기에 산소를 더 받아들이면 아세트알데히드가 초산으로 변해 숙취가 해소됩니다. 어제 술을 마셨다면 오늘은 뜀박질(유산소 운동) 좀 할 필요가 있습니다.

석유화학은 석유나 가스로부터 분리한 나프타(from 석유)나 에탄 (from 천연가스)으로부터 기초유분(에틸렌, 프로필렌, 부타디엔, 방향족(BTX)) 을 만듭니다. 이들 기초유분으로부터 합성수지(폴리에틸렌, 폴리프로필렌, PVC), 합성섬유(나일론, 폴리에스터), 합성고무를 만들게 됩니다.

아, 나프타와 에탄 설명을 안 드렸습니다. 석유를 정제하면 끓는점 이 약 30℃로 낮아 에너지 효율이 좋은 LPG(프로판&부탄)를 비롯해서 점차 끓는점이 올라가면서 나프타, 휘발유, 등유(케로신), 경유(디젤), 중질유 등으로 분리됩니다. 이 중에 가장 귀하신 분이 '나프타'입니 다. 쉽게 표현하면 고급 휘발유로 볼 수 있습니다. 이 나프타를 NCC (Naphtha Cracking Center)공정을 통해 분해하면 '에틸렌'이 나오는데 이 에틸렌이 바로 석유화학 기초유분의 핵입니다.

과거에는 주로 NCC공법을 통해 에틸렌을 만들었는데 최근에는 천연가스에서 ECC(Ethane Craking Center)공법을 통해 에탄으로부터 에틸렌을 생산하는 경우가 많아지고 있습니다. 압도적으로 ECC공 법이 비용면에서 유리하지만 높은 운송비를 감안하면 저유가 시에 는 원료 비용이 낮아지는 NCC가 유리하고 고유가 시에는 상대적으 로 원료 경쟁력이 높아지는 ECC가 유리하다고 합니다. 이런 이유로 롯데케미칼은 미국 루이지에나에 ECC 기반의 플랜트를 신설했습니 다. 미국에선 ECC가 원가 경쟁력이 있다고 합니다.

기왕 가스 얘기가 나왔으니 가스 성분을 알아볼까요? 천연가스 는 가벼운 순으로 메탄(C1, 탄소 1개), 에탄(C2), 프로판(C3), 부탄(C4)으로 구성되어 있습니다. 대부분 90% 이상의 성분이 난방이나 취사용으로 사용하는 메탄입니다. 그다음으로 에탄, 프로판, 부탄이 조금씩 있습니다. 셰일가스에는 그 귀하신 에탄의 비중이 조금 더 높다고 합니다. 그래서 셰일가스가 넘쳐나는 미국의 ECC가 각광을 받고 있습니다.

석유나 천연가스는 기본 화학구조가 탄화수소(CH)로 되어 있습니다. 탄소(C)는 끼리끼리 어울리기도(흑연, 다이아몬드) 하지만 기본적으로 수소를 사랑해서 탄화수소 형태로 많이 존재합니다. 이외 질소(N), O(산소), S(황) 등과도 잘 결합합니다. 탄소하면 왠지 환경오염의 주범처럼 느껴지지만 사실 탄화수소(CH)는 모든 생명체의 근간입니다. 탄화수소가 있으면 유기물이 되는 것입니다.

석유화학에서는 분자를 중합해서 고분자 화합물로 만들기도 합니다. 에틸렌을 폴리에틸렌(PE)으로, 프로필렌을 폴리프로필렌(PP)으로 만들기도 합니다. 많은 석유화학 프로젝트들이 바로 이 PE, PP를 생산하는 프로젝트들입니다. PE, PP가 바로 석유화학의 쌀입니다. 한번 주변을 둘러보세요. 플라스틱 용기를 보면 LDPE, HDPE, PET, PP라는 표기를 흔하게 보게 될 겁니다.

또한 석유화학에서는 변형(Transform)을 해서 새로운 화합물을 만들기도 하는데 그 종류가 엄청 많습니다. 대부분의 신소재가 이 과정에서 만들어진다고 하니 석유화학을 굴뚝산업이라고 비하해서는 안 됩니다. 석유화학은 굴뚝산업이면서 신소재산업입니다.

4
플랜트 수출 지원하는
무역보험공사 중장기수출보험

"소리에 놀라지 않는 사자처럼, 그물에 걸리지 않는 바람처럼,
진흙에 더럽혀지지 않는 연꽃처럼, 무소의 뿔처럼 혼자서 가라."

_《불경》

우리 기업이 시공사로 참여한 튀르키예 현수교 프로젝트와 나이지리아 NLNG 프로젝트(대우건설 참여)에 무역보험공사(무보)가 PF 금융을 지원했습니다. 정확히 표현하면 무보가 차주에게 직접 금융을 제공한 것은 아닙니다. 국내외 은행이 PF 대출에 참여할 수 있도록 무보에서 보험증권을 제공한 것입니다. 플랜트 등의 중장기 수출거래에서 비상위험(수입국 국가위험 등) 또는 신용위험(수입자 부도 등)으로 차주(Project Company)가 원리금 상환을 못해서 손실이 발생하면 그 손실을 보상하는 중장기수출보험(구매자신용)으로 PF 대출을 커버한 것입니다. 그러니 보험계약자는 대출은행이 됩니다.

공급자신용 및 무역보험공사 중장기수출보험(공급자신용)

중장기 수출거래는 신용공여의 주체에 따라 공급자신용과 구매자 신용으로 분류됩니다. 공급자신용(Supplier's Credit)은 수출자가 결제 기간 2년 초과의 중장기 연불(Deferred Payment) 조건으로 산업설비 등을 수출하는 거래를 말합니다. 연불로 수출하기에 공급자가 구매자에게 연불기간 동안 신용을 공여한 것과 같은 효과를 가져서 공급자 신용이라고 합니다.

중장기 공급자 신용거래에서 수출자의 수출대금 미회수위험을 담보하는 무역보험공사의 상품이 중장기수출보험(공급자신용)입니다. 단기수출보험(선적후)과 유사한 상품 구조로 결제기간이 2년을 초과한다는 점 때문에 상품명이 다릅니다. 수출자는 중장기수출보험(공

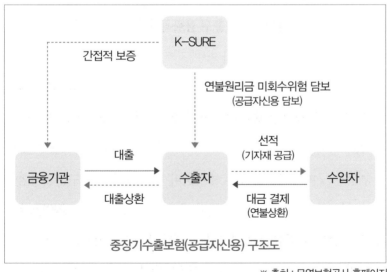

중장기수출보험(공급자신용) 구조도

※ 출처 : 무역보험공사 홈페이지

급자신용) 증권과 수출채권을 담보로 거래은행에서 금융을 일으켜서 유동성을 앞당겨 확보할 수도 있습니다.

최근 중장기수출거래에서 공급자신용은 드문 편입니다. 글로벌 금융시장에서 중장기 금융거래가 활발해지면서 구매자(수입자)가 직접 차입해서 수출자에게 조기 결제하는 구매자신용 구조가 일반화되었기 때문입니다.

구매자신용 및 무역보험공사 중장기수출보험(구매자신용)

자본재상품 등 중장기수출과 관련하여 국내외 금융기관이 수입자 앞 결제기간 2년을 초과하는 연불금융을 제공하는 경우를 구매자신용(Buyer's Credit)이라고 합니다.

구매자(수입자)는 연불금융을 사용해서 수출자앞 수출대금을 기성 단계별로 지급합니다. 이후 프로젝트에서 나오는 현금흐름으로 중장기 연불금융을 상환합니다. 구매자가 연불 조건으로 금융을 차입해서 수출자에게 즉시 수출자금을 결제하기 때문에 구매자신용이라고 부릅니다. 최근의 중장기수출거래는 대부분 구매자신용 방식으로 이루어지고 있습니다.

중장기 구매자신용에서 금융기관의 대출원리금 회수불능위험을 담보하는 무역보험공사의 상품이 중장기수출보험(구매자신용)입니다. 중장기수출거래를 커버하는 무역보험공사의 상품은 거의 대부분 중장기수출보험(구매자신용)입니다.

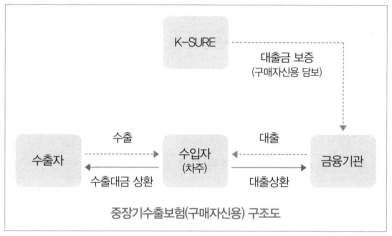

중장기수출보험(구매자신용) 구조도

※ 출처 : 무역보험공사 홈페이지

플랜트 수출과 무역보험공사의 역할

이상으로 플랜트 수출금융의 유형과 이를 촉진하는 무역보험공사의 중장기수출보험을 살펴보았습니다. 플랜트 등 중장기 수출거래와 관련한 무보의 역할은 다음과 같습니다.

■ 프로젝트의 대규모 자금 조달 촉진

최근에는 플랜트, 인프라, 방산 등 중장기 프로젝트의 규모가 수조 원에 달해서 사업주가 자기자본만으로 사업을 추진하는 것이 불가능해졌습니다. 외부차입이 불가피해진 것입니다. 그리고 대규모 프로젝트의 다양한 리스크 때문에 자금 조달은 무역보험공사 등 공적수출신용기관과 상업금융기관이 함께해야만 가능한 구조입니다.

■ 우리나라 플랜트 수출 촉진

무역보험공사 등 공적수출신용기관은 자국의 이익이 있는 프로젝트에만 자금을 지원합니다. 우리 기업이 플랜트 수출거래를 수주하는 조건으로 금융을 제공하기에 무보의 적극적인 금융지원은 우리 기업이 플랜트 수주경쟁에서 우위를 점할 수 있는 촉진제가 됩니다. 실제로 튀르키예의 차나칼레 현수교 프로젝트에서 강력한 경쟁 상대 일본을 물리치는 데는 한국 공적수출신용기관의 역할도 있었다고 생각합니다.

■ 중소기업 수출 지원 기반 확대

우리 기업이 대규모 프로젝트를 수주하면 이는 그 기업만의 수출에만 기여하는 것이 아니라 그 기업을 따라 하청으로 참여하거나 해외 프로젝트에 기자재를 공급하는 수많은 중소기업이 혜택을 보게 됩니다.

무역보험공사의 수지구조는 중장기거래에서 발생한 보험료 수입으로 단기거래에서 중소기업을 지원하느라 발생한 손실을 메꾸는 구조입니다. 따라서 중장기 프로젝트를 많이 지원할수록 단기거래에서, 특히 수출신용보증에서 중소기업을 더 많이, 더 과감하게 지원할 수 있는 여력이 생깁니다.

5

해외사업 금융 지원하는 무역보험공사 해외사업금융보험

———

"사랑은 받아들이는 마음이다."
愛 = 受 + 心

_저자

앞서 플랜트 수출을 지원하는 무역보험공사의 중장기수출보험을 소개드렸습니다. 과거에는 우리 기업이 해외 프로젝트에 시공사로 참여하고 공사가 끝나면 빠지는 형태였습니다. 그런데 최근에는 우리 기업이 시공사로 프로젝트에 참여하면서 동시에 지분투자도 해서 사업주로도 참여하는 형태를 취하기도 합니다. 튀르키예 차나칼레 현수교가 그런 형태입니다. 우리 기업이 시공사로 참여하면서 지분도 50%나 확보했습니다. 이 경우에는 시공사로서 수출대금을 회수하고, 동시에 완공되고 나면 사업주로서 사업이익을 배당금으로도 챙길 수 있어서 1석 2조의 효과를 볼 수 있습니다.

이런 경우 무역보험공사는 시공사의 수출계약을 보고 중장기수출보험(구매자신용)으로 프로젝트에 금융지원할 수도 있고, 사업주의 지분 투자를 보고 사업자금 대출을 지원할 수도 있습니다. 또한 우리 기업의 해외사업은 위와 같은 프로젝트성이 아니더라도 해외현지법 인이 해외에 공장을 짓고 현지에서 생산한 물품을 현지 판매하거나 제3국에 수출할 수도 있습니다.

이처럼 우리 기업이 해외 프로젝트에 지분을 참여하거나 현지법 인을 세워서 해외사업을 할 때 필요한 시설자금 조달을 지원하는 무 역보험공사의 상품이 해외사업금융보험입니다. 즉, 우리의 현지법 인 등에 대한 결제만기 2년 초과 대출의 미상환위험을 담보하는 상 품으로 대출한 은행이 보험계약자가 됩니다.

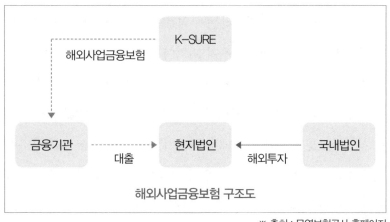

해외사업금융보험 구조도

※ 출처 : 무역보험공사 홈페이지

적용대상 해외사업은 다음과 같습니다.
• 해외사업을 영위하는 외국법인의 주식 등의 지분취득 계약(지분 10% 이상)

- 해외사업관련 원재료 공급 계약
- 해외사업관련 생산물 구매 계약
- 해외사업관련 운영 및 관리 계약
- 기타 수출 증진, 외화 획득 효과가 예상되는 해외사업관련 계약

다만 해외사업금융보험은 우리 기업의 해외사업에 자금을 지원하는 상품으로 리스크가 적지 않기에 수혜대상인 해외현지법인(국내 본사 지급보증의 경우 국내 본사)에 대한 자격 요건을 다소 엄격히 심사합니다. 일정 수준 이상의 신용도와 재무건전성, 사업 경험, 양호한 해외사업의 사업성 등을 요구하고 있습니다.

해외사업금융보험으로 금융지원한 사례로는 기아차 멕시코 공장 신설 프로젝트, 기아차 인도 공장 신설 프로젝트, 우리 기업이 지분 참여한 우즈벡 수르길 가스화학 프로젝트 등입니다. 최근에는 이차전지 해외 공장 신설 관련한 프로젝트가 많아졌습니다.

무역보험공사에서 우리 기업의 해외사업까지 금융지원하는 이유는 해외사업을 통해서 우리의 기자재가 해외로 수출될 수 있고, 대개는 우리의 해외사업에 우리나라의 기업이 시공사로 참여하게 되고, 현지법인이 돈을 벌면 배당금이 국내로 들어와서 외화획득에 기여할 수 있기 때문입니다. 또한 기아차, 현대차 등 대기업이 해외에 진출하면 수많은 중소기업이 협력사로 동반진출할 수 있기 때문입니다.

플랜트 수출과 해외사업 금융 지원하는 수출입은행

———

"큰 도(道)는 두루 퍼져서 좌우를 가리지 않는다."

大道氾兮 其可左右

_《도덕경(道德經)》

이제까지 플랜트 수출과 해외사업에 금융 지원하는 무역보험공사(무보)의 중장기수출보험(구매자신용)과 해외사업금융보험을 소개드렸습니다. 이번에는 무보와 공조해서 또는 단독으로 해외프로젝트에 금융 지원하는 수출입은행(수은)의 상품을 소개해드리겠습니다.

수은과 무보처럼 수출 리스크를 커버하거나 수출금융 지원을 통해서 자국의 수출을 지원하는 기관을 공적수출신용기관(ECA : Export Credit Agency)이라고 합니다. 미국, 유럽, 일본을 포함해서 각국은 자국의 수출을 지원하기 위해서 공적수출신용기관을 두고 있습니다. 공적수출신용기관은 무보처럼 보험을 통해서 상업금융 대출을 커버하는 유형과 수은처럼 직접대출을 주로 하는 기관으로 분류됩니다.

다만 우리나라에서 무보는 보험(보증)상품만을 보유하고 있고, 수은은 직접대출을 주로 취급하되 부분적으로는 무보의 보험상품과 유사한 보증상품을 통해서 상업금융을 촉진하기도 합니다. 수은의 직접대출 상품 위주로 설명드립니다.

1) 해외사업자금

해외자원개발, 해외 M&A, 현지법인 사업자금 및 해외사업 활성화를 위한 시설자금 등 우리 기업의 해외진출 지원을 위한 다양한 금융을 제공합니다.

■ 해외투자자금

해외투자를 추진하는 투자예정 업종에 대한 사업경력 3년 이상인 국내기업이 수혜대상입니다. 국내 모기업의 해외직접투자자금과 국내모기업의 해외자회사에 대한 대출기간 1년 미만의 대출을 지원합니다.

■ 해외사업자금

해외에서 사업(해외투자 제외)을 영위하는 국내기업이 차주가 됩니다. 자금의 용도는 시설자금, 운영자금, 기타 사업수행에 필요한 자금 등입니다.

■ 현지법인사업자금

국내기업의 해외자회사(현지법인)가 차주가 됩니다. 자금용도는 시설자금, 직접투자자금, 운영자금, 기타 사업수행에 필요한 자금 등입니다.

■ 해외사업활성화자금

국내기업이 추진하는 해외사업, 해외투자의 활성화에 기여하는 국내기업, 외국정부 또는 외국인 등이 수혜대상입니다. 자금용도는 시설자금, 운영자금, 기타 사업수행에 필요한 자금 등입니다.

2) 수출관련대출

수출물품 제작자금부터 물품 인도 후 장기상환거래까지 수출에 필요한 금융솔루션을 제공합니다.

■ 수출촉진자금

수혜대상기업은 중소·중견기업, 또는 아래의 우대지원산업에 투자 또는 진출하는 대기업이 대상입니다.

- 서비스산업 : 보건의료, 컨텐츠, SW/ICT, 관광, 기타
- 친환경에너지신사업 : 신재생에너지, 탄소저감, 에너지효율향상, 친환경산업

자금용도는 시설투자, 수출물품의 개발 또는 상용화를 위한 기술

개발, 해외시장개척활동, 수출자인수, 제작자금, 기타 수출증진의 효과가 있다고 인정되는 부문 등입니다. 실소요자금의 90% 이내 대출이 가능하며, 대출기간은 최대 10년입니다.

■ 수출성장자금

수출실적 보유한 다음의 국내기업이 수혜대상입니다.

- 지원대상물품 등을 수출하거나 수출목적물의 생산에 필요한 원부자재 등을 공급한 실적이 있는 중소·중견기업
- 우대지원산업과 관련된 지식재산권 또는 지식재산권 적용 물품 등의 수출실적이 있는 기업

대출기간은 1년 이상 3년 미만으로, 수출실적의 100% 이내에서 지원이 가능합니다.

■ 수출이행자금

지원대상물품 등을 수출 또는 생산(해외건설공사 제외)하거나 수출목적물의 생산에 필요한 원부자재 등을 공급하는 국내기업이 수혜대상입니다. 수출계약금액의 90% 범위 내 대출이 가능하며, 대출기간은 '수출대금 수령일 + 30일'까지입니다.

■ 수출기반자금

수출자의 수출기반 마련에 기여하는 국내기업, 외국정부 또는 외

국기업이 수혜대상입니다. 자금용도는 국내기업으로부터 지원대상 물품 등을 수입하는 외국정부 또는 외국기업의 수입결제자금, 시설자금, 운영자금, 기타 사업수행에 필요한 자금 등입니다.

소요자금의 90% 이내 대출이 가능하며, 운영자금의 대출기간은 3년 이내이고, 기타 자금은 장기입니다.

수출자 성장단계별 육성 프로그램

수은은 '수출관련자금'을 성장단계별로 맞춤형으로 금리 등을 우대해서 지원하는 프로그램을 운용 중입니다.

- **수출유망내수기업 수출자화 프로그램** : 수출실적 1백만 달러 이하 기업
- **수출초보기업 육성 프로그램** : 수출실적 1백만 달러 초과~1억 달러 이하
- **히든 챔피언 육성 프로그램** : 수출실적 1억 달러 넘어서면서 지속적인 세계시장 지배력을 갖춘 글로벌 강소기업

우리 초보수출자들이 수은의 성장단계별 육성 프로그램을 통해서 글로벌 강소기업으로 무럭무럭 성장해가기를 기원합니다.

7

해외투자자금 지원하는
무역보험공사 해외투자보험(금융)

"태산은 한 줌의 흙도 양보하지 않아 그 높이를 이루었으며,
바다는 가느다란 개천 물도 거부하지 않아 그 깊이를 이룰 수 있었습니다."
泰山不辭土壤故大 河海不擇細流故深

_《사기(史記)》

지금까지 플랜트 수출이나 해외사업 관련된 무역보험공사(무보)의 상품으로 ① 결제기간 2년 초과의 외상수출거래에서 수출자의 대금 미회수위험을 담보하는 중장기수출보험(공급자신용), ② 플랜트 등 수출거래에서 수입자에게 수출대금 결제자금 대출(대출만기 2년 초과)을 지원하는 중장기수출보험(구매자신용), ③ 우리 기업이 해외사업을 하는 경우 해외사업을 하는 외국인(현지법인 포함)에 대한 대출(대출만기 2년 초과)을 담보하는 해외사업금융보험 등을 소개드렸습니다.

이번에는 우리나라 기업이 해외기업의 지분 또는 부동산·설비 등에 대한 권리를 직접 또는 해외 자회사를 통해서 취득하려는 목적의 해외투자를 할 때 필요한 자금 조달을 지원하는 해외투자보험(투자금융)을 소개해드립니다.

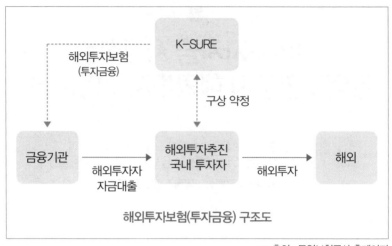

위 구조도에서 설명한 대로 해외투자보험의 차주는 국내 모기업이 됩니다. 국내 모기업은 해외투자보험(투자금융) 증권을 담보로 은행에서 자금을 조달해서 해외투자를 하거나 해외사업을 추진하게 됩니다. 해외사업금융보험과의 차이점은 '차주가 외국인인 현지법인(해외사업금융보험)이냐', '국내기업인 모기업(해외투자보험)이냐' 입니다.

대출금에서 보험사고가 발생해서 무보가 대출은행에 보험금을 지급하는 경우에 무보는 국내 투자자와의 구상약정에 따라 구상권을 행사하게 됩니다. 다만 구상약정에서 수입국 비상위험으로 발생한 손실에 대해서는 무보가 구상권을 행사하지 않는 조건을 추가할 수 있습니다. 이 경우에는 보험료가 더 올라가게 됩니다.

■ 포스코인터내셔널 미얀마 가스전사업

무보가 해외투자보험(투자금융)으로 지원한 대표 사례는 포스코인
터내셔널의 미얀마 가스전 개발 프로젝트입니다.

포스코인터내셔널의 미얀마 가스전

※ 출처 : 포스코인터내셔널

이 프로젝트에는 포스코인터내셔널 외에 인도 국영 석유기업인
ONGC(17%), 인도 가스회사 GAIL(8.5%), 미얀마 국영 석유사 MOGE
(15%), 한국가스공사(8.5%)가 투자자로 참여했습니다. 지분 51%를 가
진 포스코인터내셔널이 가스전 개발사업을 주도하고, 개발 후에는
가스전 운영까지 책임지는 구조입니다. 포스코인터내셔널은 가스전
을 운영하며 운영수익을 챙기고, 투자 수익은 지분율에 따라 나누어
가지는 구조입니다.

무보는 포스코인터내셔널의 투자금 중에서 차입금 7.5억 달러(9천

억 원 내외)를 해외투자보험(투자금융)으로 커버했습니다. 보험계약자인 대출은행은 중국개발은행(CDB)이었습니다.

중국의 정책금융기관이 나선 이유는 사업지가 국가위험이 높은 미 얀마이고 해상에서의 개발사업이라 리스크가 높아서 아무도 대출을 하려고 하지 않았기 때문입니다. 또 중국은 여기서 나오는 가스를 장 기구매하기로 했기 때문에 자원 확보 차원에서 정책금융기관이 참 여했습니다. 무보도 우리 기업이 가스전 개발과 운영까지 주도하는 역사적인 프로젝트이기에 참여했습니다.

그 결과 포스코인터내셔널은 이곳에서만 매년 3천억 원 이상의 영 업이익을 기록하고 있습니다. 무역보험공사와 같은 정책금융기관이 우리 기업의 해외사업을 지원해야 하는 이유입니다.

8

해외건설협회/한국플랜트산업협회 시장개척지원사업

당신을 위로하는 사람이라고 해서
그 위로하는 좋은 말들처럼 평탄한 인생을 살고 있다고 생각하지 마라.
그의 인생 역시 어려움과 슬픔으로 가득 차 있을 것이다.
당신의 인생보다 훨씬 더 뒤처져 있을 것이다.
그렇지 않다면 그 좋은 말들을 찾아낼 수조차 없었을 것이다.

_마리아 릴케,《젊은 시인에게 보내는 편지》

해외건설협회와 한국플랜트산업협회에서는 건설사의 해외시장 진출과 플랜트 기업의 해외 플랜트 프로젝트의 개발 및 수주를 촉진할 목적으로 시장개척 비용을 지원하는 사업을 시행하고 있습니다. 주요 내용은 기관별 홈페이지에서 인용합니다.

1) 해외건설협회의 건설사 시장개척지원사업

■ 사업개요

건설사의 해외건설시장 진출을 위한 수주활동 비용을 일부 지원함으로써 해외진출 활성화를 통한 시장 다변화 및 수주 확대 실현을 도모하는 사업입니다.

■ 신청자격

○ 해외건설 촉진법에 따른 해외공사

○ 해외건설 촉진법에 따른 해외건설업 신고를 마친 기업

○ 대기업·공기업은 중소·중견기업과 공동 신청한 경우

○ 제외되는 경우

　- 국내기업 하도급 사업, 타 기관 지원사업과 중복 사업

　- 국내 ODA 발주 사업 등 국내기업 간 경쟁사업

■ 지원사업

○ 수주활동 지원

해외공사 수주를 위한 현지조사, 발주기관 면담, 발주처 인사 국내 초청 등 수주활동 비용 지원

○ 프로젝트 조사·분석 지원

해외공사의 추진 필요성 또는 효과를 검증하기 위해 시장 및 환경 분석, 경제성, 기술 적용 가능성 등의 조사·분석 비용 지원

○ EDCF 연계 목적 조사·분석 지원

대외경제협력기금 연계 타당성 검토를 목적으로 수행하는 조사·분석 비용 지원

○ 현상공모 및 국가 간 경쟁입찰 참여 지원

해외건설 또는 엔지니어링 사업의 현상공모 및 국가 간 경쟁입찰 (제한경쟁입찰 포함)의 참여 준비 비용 지원

○ 정책지원

법령 및 관련 규정에서 정하는 사업이나 국토교통부 장관이 정책적으로 필요하다고 인정하는 사업으로서 해당 분야 공기업을 주관기관으로 하는 프로젝트 조사·분석, 진출환경 분석 또는 현지 협력 활동 비용 지원

■ **지원예산**

○ 지원항목 : 국외활동비 및 발주처 초청비, 현지조사 및 외주 비용 등

○ 지원금액 : 수주활동 지원 최대 1억 원, 기타 지원사업 최대 3억 원. 출장비는 회당 최대 13박 14일까지 지원

○ 지원비율(정부 보조금 비율) : 총 소요비용의 80%(중견 60%, 대·공기업 50%)

☞ EDCF 연계 목적 조사·분석 지원 및 정책지원, 현상 공고 및 국가 간 경쟁입찰 참여지원사업은 지원비율을 10%P 추가 지원

- **지원절차**

지원신청 → 선정평가(평가위원회) → 협약체결 → 사업추진 → 결과보고/정산

- **문의**

해외건설협회 중소기업수주지원센터

☞ 전화 : 02-3406-1141(1103)

2) 한국플랜트산업협회의 해외플랜트 시장개척지원사업

- **사업개요**

우리 기업이 해외플랜트 프로젝트의 개발(EPC, 설비시공, 개보수 등) 및 수주를 목적으로 사업 타당성조사 또는 시장개척조사를 실시할 경우 비용의 일부를 지원하는 사업입니다.

> ※ 플랜트 예시 : 발전, 담수, Oil & Gas, 석유화학, 해양, 시멘트, 제철, 운반, 하역, 환경, 기타 산업설비 등과 같은 산업 기반시설이나 생산 공장 및 동 시설을 위해 설치되는 패키지성 설비

- **지원대상**

○ 국내업체가 수의계약으로 수주를 추진 중이거나 추진 예정인 해외플랜트 및 플랜트 공정설비 프로젝트(노후플랜트 개보수 및 현대화 사업, 투자개발형 사업 포함)

○ 국내업체가 공개입찰에 참여를 추진 중이거나 추진 예정인 해외 플랜트 및 플랜트 공정설비 프로젝트 중

- 시장개척 조사 : 사업부지 심층조사, 인허가권자 및 주요투자자와의 추가 협상 등 조사활동을 통해 수주 가능성을 증진할 수 있는 프로젝트

- 타당성조사 : 발주처, 인허가권자, 주요투자자와의 협약에 따라 타당성조사를 수행할 경우, 수주 가능성이 현저히 큰 프로젝트

- 산업통상자원부 장관이 지원 필요성을 인정하는 해외 전략플랜트 프로젝트

■ **지원내용**

○ [공통] 프로젝트당 2억 원 이내(중소기업 75%, 중견기업 50% 이내 지원)

○ 타당성조사

- 지원내용 : 시장 및 사업환경 분석, 기술분석, 경제성 분석 및 민감도 분석 등의 타당성조사 직접비용

- 지원항목 : 해외출장경비, 조사에 필요한 외주용역비, 인건비(일부)

- 지원분야 : 플랜트 EPC, 공정설비, 투자개발사업

※ 공정설비 : 플랜트 중 일부 기능을 담당하는 패키지 설비로 타당성조

사에 준하는 조사 필요시(5백만 달러 이상)

※ 투자개발사업 : Pre F/S 완료된 사업 중 금융 조달을 위해 타당성조

사를 추가로 실시하는 경우(本타당성조사)

○ 시장개척조사

- 지원내용 : 시장 및 사업환경 조사, 발주처에 제출할 견적서,

발주처와 수주교섭 면담

- 지원항목 : 해외출장경비, 시장조사에 필요한 외주용역비, 인

건비(일부)

- 지원분야 : 주로 플랜트 중 일부를 구성하는 설비 등(EPC 프로

젝트도 가능)

○ 산업개발계획

타당성조사 이전 단계의 마스터플랜(특정 지역 발전소 건립계획, 상하수

도 시설 개발계획 등) 수립에 소요되는 해외출장경비, 조사에 필요한 외

주용역비, 인건비(일부)

■ **지원절차**

신청서 제출(수시접수) → 1회 평가회의(신청업체 참여, 평가위원과 질의응

답) → 2회 평가회의(지원프로젝트 선정 및 지원금액 결정) → 협약서 체결

및 정부지원금 지급 → 중간진행상황보고서 제출/최종보고서 제출

및 평가/사업비 사용실적 보고 및 정산(전문 회계법인) → 수주 통보

■ **문의**

한국플랜트산업협회 수주지원팀

☞ 전화 : 02-3452-7974

해외 진출을 도모하는 건설사나 플랜트 수출기업은 해외건설협회
와 한국플랜트산업협회의 시장개척지원사업을 잘 활용할 필요가 있
습니다.

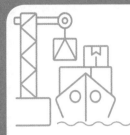

9장

황금비율과
초보수출자 재무관리

"사업이란 무엇인가.

한 개인이 제아무리 부유해도 사회전체가 빈곤하면 그 개인의 행복은 보장받지 못한다. 사회를 이롭게 하는 것, 그것이 사업이며 따라서 사업에는 사회성이 있고 사업을 추진하는 기업 또한 사회적 존재다."

_삼성그룹 창업주, 이병철

1
황금비율 활용해서
생명줄 지키기

"나를 죽이지 못한 것은 나를 더욱 강하게 만들 것이다."

_프리드리히 니체(Friedrich Nietzsche)

앞에서 설명드린 것처럼 기업의 최우선 목적은 생존하는 것입니다. 기업이 생존하기 위해서는 품질 좋은 물건을 만들어서(또는 조달해서), 만족스런 가격으로 판매하고, 충분한 현금흐름을 유지하는 것입니다.

기업에 현금은 자연인에게 피와 같습니다. 아무리 건강한 사람도 피가 부족하면 죽을 수밖에 없듯이, 아무리 기술력이 뛰어난 기업도 현금이 부족하면 도산할 수밖에 없습니다.

피의 양과 상태를 분석하면 자연인의 몸 상태를 개략적으로 파악할 수 있습니다. 마찬가지로 기업의 재무구조와 현금흐름을 파악하면 기업의 건강상태를 개략적으로 파악할 수 있습니다. 자연인의 몸에서 균형이 깨지면 병이 나거나 죽을 수도 있듯이, 법인 또한 주요 재무비율에서 균형이 현저히 깨지면 위태로울 수 있습니다. 제가 재무비율에서도 황금비율을 찾아나서는 이유입니다.

1) 황금비율과 재무관리 가이드라인

구체적으로는 특정시점의 자산과 부채, 자본 등 기업의 재무상태를 보여주는 '재무상태표', 일정기간의 영업 상태를 기록한 '순익계산서', 일정기간의 현금 유출입을 기록한 '현금흐름표' 등을 주기적으로 검점할 필요가 있습니다.

초보수출자 재무관리 가이드라인(안)

주요 지표	산 식	판정기준(미검증)
부채비율	(유동부채 + 고정부채) ÷ 자기자본	100%↓ 양호, 200%↑ 미흡, 300%↑ 불량
차입금의존도	차입금 ÷ 총 자산	30%↓ 양호, 40%↑ 미흡, 45%↑ 불량
유동 비율	유동자산 ÷ 유동부채	150%↑ 양호 100%↓ 미흡
당좌 비율	당좌자산 ÷ 유동부채	100%↑ 양호 70%↓ 미흡
이자보상 배율	영업이익 ÷ 금융비용(지급이자)	3↑ 양호 1↓ 미흡, 3년 연속 1↓ 불량
매출채권 비율	매출채권 ÷ 매출액	20% 적정 40%↑ 미흡
영업현금흐름	영업현금흐름	(—)미흡, 3 연속(—) 불량

그런데 이런 회계장부를 영세한 초보수출자가 제대로 분석하기는 쉽지가 않습니다. 그래서 초보수출자는 제가 자연의 황금비율을 적용해서 산출한 '초보수출자 재무관리 가이드라인'을 참고하면 도움이 될 것입니다.

황금비율을 적용해서 산출한 기준이긴 하지만 실무적으로, 특히 금융기관에서 널리 통용되는 기준이기도 합니다. 또한 제가 무역보험공사 조사부장으로 근무하며 새로운 수출자, 수입자 평가모델을 도입하면서 통계적으로 분석해보았던 기준들과 부합되기도 합니다. 초보수출자는 이 기준들에서 미흡에 걸리지 않도록 해야 합니다. 지금부터는 황금비율을 적용해서 재무비율 가이드라인을 도출하는 과정을 설명드리겠습니다.

우리는 하루에도 셀 수 없이 많은 선택에 직면합니다. '아침에 지하철로 출근할까 아니면 자동차로 출근할까?', '점심은 누구하고 할까? 또 무슨 메뉴로 할까?', '주가가 빠지는데 가지고 있는 주식을 팔까? 아니면 더 살까?', '여유자금으로 주식을 살까 아니면 안전한 채권을 살까?' 유행 따라 남들이 가는 길을 따라 갈 수도 있고, 로버트 프로스트의 시 〈가지 않은 길〉에서와 같이 남들이 가지 않는 길을 갈 수도 있습니다. 다만 그 결과에 대한 책임은 본인 몫입니다.

이런 선택 중에서 시장에서의 경제적 의사결정은 대체로 '안정(고정성, 주류)을 추구할 것이냐 아니면 어느 수준까지 위험(변동성, 비주류)을 떠안으면서 고수익을 추구할 것이냐'에 관한 것입니다. 대개는 안정에 상대적인 비중을 두면서도 일정부분 변동을 수용하여 수익을 추구하게 됩니다. 바로 이 안정성(고정성)과 수익성(변동성) 간의 비중 결정에 있어 황금비율(Golden Ratio)이 하나의 유용한 판단기준이 될 수 있을 것으로 보입니다.

2) 황금비율과 주류·비주류 분포

황금비율은 부분(주류와 비주류) 간 또는 전체와 부분 간 서로 조화를 이루어 이론적으로나 현실적으로 우리에게 가장 안정감을 주는 비율입니다. 황금비율은 하나의 선분을 가장 이상적으로 둘로 나누는 비율로, 그 근사값이 1.618인 무리수입니다. 황금비율은 하나의 선분에서 전체(a + b)와 큰 부분(a)의 비율((a + b)/a)이 큰 부분(a)과 작은 부분(b)의 비율(a/b)과 같아지는 균형비율입니다.

$$황금비율(Golden\ Ratio) = (a+b)/a = a/b \approx 1.618\cdots$$

황금비율을 따르는 선분은 61.8%(a)의 큰 부분과 38.2%(b)의 작은 부분으로 나뉩니다. 따라서 a/b의 비율은 1.618이 됩니다. 가로 대 세로 비율이 황금비율(1.618 또는 0.618)을 이루는 황금사각형 구조는 신용카드나 담배갑 등 우리 주변에서 쉽게 발견할 수 있습니다. 인간이 보기에 편안한 구조이기 때문입니다. 소라의 나선형 포물선, 꽃잎 수 등 자연에서도 많이 발견됩니다. 자연의 균형법칙이기 때문입니다.

첫 수를 1로 하고 세 번째 수를 앞의 두 수를 합한 수로 한다는 피보나치 수열 또한 무한히 시행횟수를 늘리면 앞의 수와 바로 뒤 수의 비율은 황금비율을 따릅니다. 즉, 1/1, 1/2, 2/3, 3/5, 5/8, 8/13, 13/21처럼 무한히 확장하면 두 수의 비는 황금비율(0.618…)에 수렴합니다.

그러나 이 세상의 모든 것은 변합니다. 어린 시절의 나는 오늘의 나와 같지 않고 오늘의 나는 어제의 나와는 조금은 다릅니다. 신체가 달라졌고 생각이 달라졌기 때문입니다. 그러면 아주 딱딱한 바위는 어떨까요? 매우 단단하기 때문에 변하지 않는 것은 아닐까요? 그런데 낙숫물로도 뚫을 수 있는 것이 바위이기도 합니다. 이 세상에서 변치 않는 것은 모든 것은 변한다는 사실 뿐입니다.

제행무상(諸行無常) · 제법무아(諸法無我) · 일체개고(一切皆苦)

제행무상, 제법무아, 일체개고를 불교의 사상을 압축한 삼법인(Three Marks of Existence)이라고 합니다. 모든 존재의 세 가지 특징이라고 합니다. 이 중 첫 번째 진리가 바로 모든 것은 무상(無常)해서 계속 변한다는 '제행무상'입니다.

앞서 설명드린 고정성(61.8%)과 변동성(38.2%)도 일시적으로 그렇다는 것이지 이 관계가 영원히 변치 않는다는 의미는 아닙니다. 고정성(주류, 61.8%)과 변동성(비주류, 38.2%)은 그 상대적인 비중이 고정불변이 아니고 상황에 따라 영향력이 달라져서 주류가 비주류 일부를 흡수해서 비중이 더 커지기도 하고, 반대로 비주류가 주류의 일부를 흡수해서 신주류가 될 수도 있다고 추론해볼 수 있습니다.

이 경우 주류비중 61.8%을 기준으로 주류가 비주류에 세력을 내어줄 때에는 상대적으로 비주류와 더 가까워서 고정성이 떨어지는 주변주류(주류 61.8%에 변동성 38.2%를 곱한 23.6%)에서부터 내어줄 것입니다(잔여주류 38.2%). 반대로 주류가 비주류로부터 세력을 흡수할 때에도 역시 상대적으로 주류와 더 가까운 주변비주류(비주류 38.2%에 변동성 38.2%를 곱한 14.6%)에서부터 세력을 흡수한다고 추론해볼 수 있습니다(주류합계 76.4%). 즉, 핵심(61.8%)은 자기가 소속된 그룹에 대한 충성도가 상대적으로 높은 반면, 주변(38.2%)은 충성도가 낮아서 언제든지 유리하다고 판단되면 소속된 조직을 떠날 준비가 되어 있는 것입니다.

주류(61.8%)와 비주류(38.2%)는 상황에 따라서 변동성(38.2%)을 상대에게 내주거나 상대로부터 빼앗아오면서 주류와 비주류는 계속 변하게 될 것입니다. 그러다 주류가 비주류가 되기도 하고, 비주류가 주류가 되기도 할 것입니다. 따라서 주류(고정성)의 분포범위는 기본 61.8%를 기준으로 해서 아래로는 기본 주류비중 61.8%에서 주변주류(0.382 비중)가 떨어져나간 핵심주류 38.2%, 그리고 이 핵심주류 38.2%에서 또다시 주변(0.382 비중)이 떨어져나간 23.6%를 기록하게 됩니다.

반대로 기본 주류 61.8%가 비중을 늘려갈 때는 비주류비중(38.2%)의 주변 14.6%(38.2%*0.382=14.6%)를 더한 76.4%가 됩니다. 이런 과정을 거치면 기존 주류의 분포는 23.6%, 38.2%, 52.8%, 61.8%(기본), 67.4%, 76.4%, 85.4%가 됩니다.

황금비율에 따른 주류의 분포도

단위 : %

주류		약세		기본		강세		
전체 비중	23.6	38.2	52.8	61.8	67.4	76.4	85.4	100

주류는 61.8%의 비중을 차지할 때 기본(보통)인 상태가 되고 76.4%가 되면 강세로 들어서게 되며, 38.2%가 되면 비주류로 전락하게 됩니다. 위의 표를 부분 대 부분(a/b), 큰부분 대 전체(a/(a+b))의 비율로 함께 표기하면 다음 표가 만들어집니다.

부분과 전체의 황금비율 테이블

단위 : %
* a/b = (a+b)/a, a 〉b

구분*	하 극단	기본 하단	적정 하단	기준점	적정 상단	기본 상단	상 극단
전체비중 (a/(a+b))	23.6	38.2	52.8	61.8%	67.4	76.4	85.4
상대비중 (a/b)	30.9	61.8	111.9	161.8	206.7	323.7	584.9

주가 변동성 추이를 추정하는 엘리어트 파동이론도 황금비율을 응용해서 만들었습니다. 이 황금비율은 주식 파동이론 뿐 아니라 부채비율, 차입금의존도 등 상호세력 싸움(예 : 사자와 팔자, 시장점유율, 부채와 자기자본, 정치조직의 주류와 비주류)이 벌어지는 곳에서 다양하게 적용될 수 있을 듯합니다.

3) 황금비율과 부채비율

기업의 자산은 사업주 몫인 자기자본과 채권자 몫인 타인자본(부채)으로 구성됩니다. 기업을 유지하고 또 규모를 키워 나가려면 자기자본 뿐 아니라 타인자본도 일정부분 끌어다 써야 합니다. 또한 사업의 특성상 선수금이나 외상매입금 등 특정항목에서는 필연적으로 부채를 발생시킬 수 밖에 없습니다.

그러나 부채가 과다해지면 영업부진 시 자칫 기업이 유동성 위기에 빠질 우려가 있습니다. 영업부진으로 적자를 기록하면 변동성이 강한 자기자본은 빠르게 소진되는 반면, 고정성이 강한 부채는 저절로 줄어들기 힘들기 때문입니다. 따라서 기업을 안정적으로 키워 나가기 위해서는 적정한 선에서의 부채관리가 필요합니다.

그러면 기업의 부채비율은 어느 수준이 적당할까요? IMF 때 정부는 기업들의 차입경영 관행으로 인한 높은 부채비율로 기업의 수익성이 악화되는 것을 방지하기 위해서 부채비율을 200% 이하로 낮추는 정책을 추진한 바 있습니다. 현재도 공정거래법상 지주사에 대한 부채비율 가이드라인은 200% 이하입니다.

실적이 부진한 경우 그 충격을 자기자본이 우선적으로 흡수하기에 채권자 입장에서는 자기자본 비중이 높은 것이 대출금 상환가능성을 높인다고 볼 수 있습니다. 그러나 사업주(투자자) 입장에서는 자기자본 비중이 높아지면 자신들이 상대적으로 많은 리스크를 떠안게 되고 또 레버리지가 떨어져 투자수익률(자기자본 이익률)이 줄어드는 문제가 발생하기 때문에 적정부채비율에 대한 고민이 필요합니다. 양자간 세력 다툼에서 적정한 자리매김이 필요합니다.

상대적으로 부채는 고정성, 자기자본은 변동성의 속성을 지니고 있어 고정성(주류) 대 변동성(비주류) 비율인 황금비율을 적용해 적정부채비율을 산출할 수 있을 것으로 보입니다. 다시 말해 황금비율을 적용해 부채/자기자본비율, 즉 a/b 비율을 산출하면 61.8/38.2 = 161.8%의 비율이 나옵니다. 그러니 개략적으로 150%가 보통 수준의 부채비율로 보입니다. 100% 이하면 양호, 200% 이상이면 다소 높음, 300% 이상이면 불량, 500% 초과면 극히 불량의 기준이 됩니다.

황금비율을 활용한 적정 부채비율(안)

단위 : %

부채비율	우수	양호	기준	다소 과다	과다	불량
부채/자기자본	61.8 이하 (38.2/61.8)	111.9 이하 (52.8/47.2)	161.8 이하 (61.8/38.2)	206.7 이하 (67.4/32.6)	323.7 이하 (76.4/23.6)	323.7 초과 (76.4/23.6)
부채/총 자본	38.2 이하	52.8 이하	61.8 이하	67.4 이하	76.4 이하	76.4 초과

앞의 황금비율을 적용한 부채비율 분포도를 보기 쉬운 근사치로 바꾸면 아래와 같습니다.

황금비율을 활용한 간편 부채비율 분포(안)

단위 : %

부채비율	우수	양호	기준	다소 과다	과다	불량	극히 불량
부채 /자기자본	60 이하	100 이하	150 이하	200 이하	300 이하	500 이하	500 초과
부채 /총 자본	40 이하	50 이하	60 이하	65 이하	75 이하	83 이하	83 초과

부채비율이 323.7%를 넘어선다는 것은 자기자본비율이 23.6% 이하로 떨어진다는 것을 의미하고 이는 곧 핵심비주류(자기자본)의 마지노선(23.6%)이 무너지는 상황을 의미합니다. 특히 고정성비율의 극단치인 584.9%(85.4/14.6) 이상은 사소한 충격에도 기업이 유동성 위기에 빠질 가능성이 매우 높습니다. 충격을 흡수해야 할 자기자본비율이 14.6% 이하로 지나치게 낮기 때문입니다. 금융기관에서 실무적으로도 부채비율이 500%를 넘어가면 금융지원을 받기가 매우 어렵습니다.

물론 업종과 기업의 현금흐름 구조 등에 따라 적정 부채비율은 다를 수 있습니다. 그럼에도 아주 개략으로 적정 부채비율을 판단하는 데는 도움이 될 것입니다.

부채/자기자본비율 판정(안)

- 60% 이하 : 우수
- 60~100% : 양호
- 100~200% : 보통
- 200~300% : 미흡
- 300~500% : 불량
- 500% 초과 : 극히 불량

4) 황금비율과 차입금의존도

자금을 공급하는 금융기관 입장에서 채무자의 과도한 차입금 부담은 채무상환능력을 악화시키게 되어 대출심사 시 중요한 심사항목이 됩니다. 기업의 차입금 부담을 측정하는 지표로는 (장·단기 차입금 + 회사채)/총 자산의 '차입금의존도'가 있습니다. 그러면 어느 수준일 때 차입금의존도가 적정하다고 볼 수 있을까요?

차입금은 부채 중 일부로, 이자가 지급되는 부채를 의미합니다. 그리고 이자는 정기적으로 지급되어야 하고 또 차입금 미상환 시에는 부도처리되어 정상적인 영업이 불가능하므로 차입금은 부채 중에서도 고정성이 매우 높은 부채라 할 수 있습니다.

앞서 살펴본 황금비율을 이용한 총 자산 기준 부채비율 판단기준은 우수 38.2% 이하, 기준 61.8% 이하, 불량 76.4% 이상입니다. 여기에 고정성 비율을 의미하는 황금비율의 핵심계수(0.618)를 곱하면 황금비율을 활용한 차입금의존도 판별기준은 우수 23.6% 이하, 양호 32.6% 이하, 기준 38.2% 이하, 불량 47.2% 이상이 됩니다. 대략적으로 차입금의존도가 40%를 넘어가면 미흡하고, 45% 이상이면 재무구조가 불량한 상태라고 볼 수 있습니다.

차입금/총 자산 비율 판정(안)

- 30% 이하 : 양호

- 30~40% : 보통

- 40~45% : 미흡

- 45% 초과 : 불량

차입금은 갚지 않는 한 절대로 없어지지 않는 고정성이 100%인 항목이니 특별히 보수적으로 차입금 관리에 각별히 신경을 쓸 필요가 있습니다. 앞서 소개드린 초보수출자의 경영실패 사례처럼 차입금이 많으면 조금만 외부환경이 불리하게 바뀌어도 도산할 수 있습니다. 차입금 관리는 아무리 강조해도 지나치지 않습니다.

5) 황금비율과 유동비율·당좌비율

▪ 유동비율

기업의 자산은 1년 이내에 현금화할 수 있는 유동자산과 고정성이 강한 비유동자산으로 분류할 수 있습니다. 현금이나 현금성자산, 단기금융상품, 단기매도가능증권, 매출채권, 미수금, 선급금, 선급비용, 단기대출채권 등의 당좌자산과 재고자산이 유동자산으로 분류되고 투자자산, 유형자산, 무형자산 등은 비유동자산으로 분류됩니다.

부채 또한 1년 내 갚아야 하는 유동부채와 고정성이 강한 비유동부채로 나뉩니다. 매입채무, 단기차입금, 미지급금, 선수금, 예수금, 미지급비용, 유동성장기부채 등이 유동부채이고 사채, 장기차입금 등이 비유동부채입니다.

상기 '유동자산'을 '유동부채'로 나눈 비율을 '유동비율'이라 합니다. 유동비율이 높으면 재무구조의 안전성이 높은 것으로 평가됩니다. 그러면 유동성비율은 어느 정도가 되어야 적정하다고 볼 수 있을까요?

부채보다는 자산이 과다 평가되었을 가능성이 높습니다. 매출채권은 언제든 부실화될 수 있고, 재고자산은 안 팔려서 대바겐세일 대상이 될 수도 있습니다. 그러니 유동자산은 유동부채보다 충분히 많아야 유동성 위기에 빠지지 않게 됩니다.

이런 점을 감안해서 큰 수와 작은 수의 균형비율인 황금비율(큰수 a/작은수 b)을 유동비율에 적용하면 유동자산/유동부채비율이 161.8%(근사치 150%) 이상이 되면 무난한 수준이라고 추론해볼 수 있습니다. 시장에서는 유동비율이 100% 이하면 미흡, 150% 또는 200% 정도면 양호한 것으로 보고 있습니다.

유동자산/유동부채비율 판정(안)

- 150% 이상 : 양호
- 100% 이하 : 미흡

■ 당좌비율

한편 유동자산 중에서 유동성이 매출로 이어지지 못하거나 처분할 때 손실을 입을 가능성이 높은 재고자산을 제외한 '당좌자산'을 '유동부채'로 나눈 비율을 '당좌비율'이라고 합니다. 유동자산 중에서도 재고자산을 제외한 순도가 높은(즉, 주류인 61.8%에 속는) 유동자산을 당좌자산이라고 합니다. 그러니 당좌비율이 161.8%×0.618=100%가 되면 무난한 수준이 된다고 추론해볼 수 있습니다. 시장에서는 당좌비율은 100% 이상이면 양호하다고 봅니다.

미흡 기준에 대해서는 70% 이하, 80% 이하 등 의견이 다릅니다. 재고자산의 의미가 업종마다 다르기에 당좌자산의 미흡기준도 업종마다 다를 듯합니다. 그러나 어느 업종이든 유동비율 미흡 기준 100%의 61.8% 이하(개략적으로 60% 이하)는 문제가 발생할 가능성이 높다고 생각합니다. 그러니 당좌비율은 80% 이상을 유지하되 최후의 방어선인 60%선은 꼭 지켜야 한다는 점 명심하시기 바랍니다.

당좌자산/유동부채비율 판정(안)

- 100% 이상 : 양호
- 70% 이하 : 미흡

6) 이자보상배율

영업이익을 금융비용(지급이자)으로 나눈 이자보상배율은 중요한 부실기업 판별지표입니다. 현실적으로 중소기업에 재무적으로 가장 큰 부담을 주는 항목이 지급이자입니다. 영업이 적자를 기록해도 이자는 꼬박꼬박 지급해야 하기 때문입니다. 이자는 주말에도 발생하고 공휴일에도 발생합니다.

시장에서는 이자보상배율이 3 이상이면 적정이라고 보고 있습니다. 이 비율이 1보다 작다는 것은 영업이익으로 이자비용도 커버하지 못한다는 의미입니다. 한국은행에서는 이자보상배율이 3년 연속 1 미만인 기업을 한계기업(좀비기업)으로 보고 있습니다. 금융기관에서는 실무적으로 이자보상배율이 2년 연속 1 미만인 경우에는 금융지원이 제한되는 경우가 많으니 잘 관리할 필요가 있습니다.

영업이익/지급이자 비율 판정(안)

- 3 이상 : 양호
- 1 미만 : 미흡

7) 매출채권비율

앞서 무역보험에 가입한 수출자의 수출거래 관행에서 설명드린 것처럼 대부분의 수출거래의 결제조건은 외상거래이고 외상기간은 대체로 선적후 60~90일입니다.

전업 수출자로 모든 수출거래가 외상 90일 조건이고 연간 지속적으로(매일) 수출거래가 발생한다고 가정하면 이 기업의 연간매출채권회전율(=매출액/연평균매출채권)은 대략 연 4회(=365/90)입니다. 그러니 이 기업의 매출채권비율(=매출채권/매출액)은 매출채권회전율(매출채권/매출액)의 역수가 되어 25%가 됩니다.

시장에서 통용되는 매출채권비율은 다음과 같습니다.

매출채권/매출액 비율 판정(안)

- 20% : 적정   · 40% 초과 : 미흡

미흡인 40%를 연평균 외상기간으로 역산하면 146일이 됩니다. 그러니 대략적으로 외상기간이 150일을 넘어가는 대금결제조건은 유의할 필요가 있습니다.

다만 위의 예는 지속적으로 매출이 발행하는 기업을 가정한 것이고 연간 1~2건 수출하는 초보수출자에게 이 기준을 엄격히 적용하기에는 무리가 따릅니다. 그럼에도 이 비율이 40%를 넘어가면 수출채권에 묶여서 유동성이 부족해질 수 있고, 수출채권이 부실화되는 경우에는 연쇄 도산할 가능성도 있으니 수출채권 유동화, 무역보험 가입 등 사전 대책이 필요합니다.

8) 영업활동현금흐름

기업이 살아남기 위해서는 영업을 해서 돈을 벌어야 합니다. 따

라서 영업이익과 당기순이익은 플러스를 유지하는 것이 필요합니다. 금융기관에서 대출 가능 여부를 결정할 때도 흑자 기업인지 여부가 중요한 심사항목입니다. 특히나 영업으로 흑자를 내는 것이 중요합니다.

▪ 적자의 늪을 경계해야

중소기업에서 회계업무로 잔뼈가 굵은 지인의 말에 따르면 웬만한 중소기업은 한 번 적자의 늪에 빠지면 헤어나오는 것이 어렵다고 합니다. 한 번 적자에 빠지면 그 적자 구조가 점차 강화되어서 점점 더 깊은 수렁에 빠져들 가능성이 높다고 합니다. 그러니 영업이익을 플러스로 유지할 수 있는 영업구조를 만드는 것이 필요합니다. 어느 해에 적자를 기록했다면 경각심을 가지고 과감하게 영업구조를 뜯어고쳐야 합니다.

그런데 영업이익이 플러스라고 반드시 기업에 현금이 늘어나는 건 아닙니다. 매출이 늘어도 외상수출 비중이 커서 현금이 늘어나지 않는다면 기업은 흑자에도 불구하고 유동성이 악화될 수 있습니다. 반대로 외상매입금 비중이 큰 경우에는 영업이익이 적자라도 현금은 줄어들지 않을 수 있습니다. 따라서 기업의 유동성을 제대로 평가하기 위해서는 영업활동으로 현금이 늘었는지 줄었는지를 따져볼 필요가 있습니다.

당기순이익 항목에서 현금이 발생치 않는 수익 등을 차감하고, 현금이 나가지 않는 비용 등을 가산하고, 법인세나 이자비용 등을 차감한 항목을 '영업활동현금흐름(Operating Cash Flow)'이라고 합니다. 영업활동현금흐름도 플러스를 유지하는 것이 중요합니다.

현금흐름에서는 영업활동현금흐름은 +, 투자활동현금흐름은 -, 재무활동현금흐름은 -를 기록하되, 이 세 개를 합한 순현금흐름(영업+투자+재무)은 +를 유지하는 것이 좋습니다.

투자활동현금흐름이 -라는 건 기업이 미래를 위해 적극적으로 투자한다는 의미입니다. 또한 재무활동현금흐름이 -라는 건 기업이 영업활동현금흐름에서 발생한 현금으로 기존 차입금을 상환한다는 의미입니다. 투자활동을 하고 차입금을 상환하고도 현금흐름은 쌓이는 것이 좋습니다.

현금흐름 판정

- (영업 + 투자 + 재무) = 현금흐름 (+) : 양호
- 영업활동현금흐름 = (−) : 미흡

부채비율과 차입금의존도는 낮을수록 안전성이 높은 것으로 평가되지만 유동비율이나 당좌비율은 절대적인 수준이 높다고 무조건 좋은 것은 아닙니다. 유동비율이나 당좌비율이 지나치게 높다는 것은 그만큼 자산을 비효율적으로 운용하고 있다는 의미일 수도 있기 때문입니다. 유동비율과 당좌비율은 유동성 위기에 빠지지 않도록

적정 수준을 유지하는 것이 중요합니다.

한편 부채비율이나 차입금의존도가 다소 높아도 수익성이 좋고 이익이 지속적으로 증가하고 있다면 이 기업은 살아남을 수 있습니다. 그러니 이자보상배율이 적정 수준을 유지하고 영업현금흐름이 플러스(+)를 유지하면서 안정적인 추이를 보이는 것이 중요합니다.

이상으로 황금비율을 응용한 재무비율 분석을 소개해드렸습니다. 부채비율, 차입금의존도, 유동비율, 이자보상배율, 영업활동현금흐름 등 5개 정도에 초점을 맞추어 제대로 관리하면 초보수출자의 여정이 크게 위태롭지는 않을 것입니다.

이 책이 초보수출자에 포커스를 두는 이유는 초보수출자가 수출 생태계의 뿌리이자 우리 경제의 미래이기 때문입니다. 공룡이 사라진 뒤에도 자연의 생태계에서 생명은 이어져왔듯이 언젠가 우리의 글로벌 대기업이 힘겨워할 때 초보수출자가 그 자리를 대신하며 더욱 번창하기를 소망합니다.

네가 싫은 거

남에게 하지 말라

己所不欲 勿施於人

_《논어(論語)》

중앙경제평론사 Joongang Economy Publishing Co.
중앙생활사ㅣ중앙에듀북스 Joongang Life Publishing Co./Joongang Edubooks Publishing Co.

중앙경제평론사는 오늘보다 나은 내일을 창조한다는 신념 아래 설립된 경제·경영서 전문 출판사로서
성공을 꿈꾸는 직장인, 경영인에게 전문지식과 자기계발의 지혜를 주는 책을 발간하고 있습니다.

따라하면 돈 되는 수출 첫걸음

초판 1쇄 인쇄 | 2024년 6월 21일
초판 1쇄 발행 | 2024년 6월 27일

지은이 | 오주현(Happy JooHyun Oh)
펴낸이 | 최점옥(JeomOg Choi)
펴낸곳 | 중앙경제평론사(Joongang Economy Publishing Co.)

대   표 | 김용주
기   획 | 백재운
책임편집 | 정은아
본문디자인 | 박근영

출력 | 영신사   종이 | 한솔PNS   인쇄·제본 | 영신사

잘못된 책은 구입한 서점에서 교환해드립니다.
가격은 표지 뒷면에 있습니다.

ISBN 978-89-6054-338-6(03320)

등록 | 1991년 4월 10일 제2-1153호
주소 | ㉜ 04590 서울시 중구 다산로20길 5(신당4동 340-128) 중앙빌딩
전화 | (02)2253-4463(代) 팩스 | (02)2253-7988
홈페이지 | www.japub.co.kr 블로그 | http://blog.naver.com/japub
네이버 스마트스토어 | https://smartstore.naver.com/jaub 이메일 | japub@naver.com
♣ 중앙경제평론사는 중앙생활사·중앙에듀북스와 자매회사입니다.

도서
주문   www.**japub**.co.kr
전화주문 : 02) 2253 - 4463

https://smartstore.naver.com/jaub
네이버 스마트스토어

중앙경제평론사/중앙생활사/중앙에듀북스에서는 여러분의 소중한 원고를 기다리고 있습니다. 원고 투고는 이메일을
이용해주세요. 최선을 다해 독자들에게 사랑받는 양서로 만들어드리겠습니다. **이메일** | japub@naver.com